친일파의 재산

親 日 派 財 産

親

친일파의 재산

派

친일이라는 이름 뒤의 '돈'과 '땅',
그들은 과연 자산을 얼마나 불렸을까

김종성 지음

財

產

북피움

친일파란?

일본제국주의의 한국 침략에 편승
해 이에 부역하는 행위를 하거나
지위를 차지해 한국의 자주·독립
을 방해한 자들

박제순

이완용

송병준

고영희

임선준

이토
히로부미

윤덕영

순종

이병무

이지용

민병석

조민희

이재각

이재구

조중응

김윤식

고희성

『순종 황제 서북순행 사진첩』에 실려 있는 사진으로, 1909년 2월 4일 창덕궁 인정전 앞에서 기념촬영한 것이다. 가운데 순종을 기준으로 왼쪽에 이토 히로부미, 이완용, 임선준, 고영희, 송병준, 박제순이고 오른쪽으로 이재각, 민병석, 이재구, 조중응, 김윤식, 이지용, 조민희, 고희성이다. 뒤는 오른쪽이 이병무, 왼쪽이 윤덕영이다.

친일파 30인의 생몰 연대표

생년순

이름 / 연도	1840	1850	1860	1870	1880	1890	1900	1910	1920
김종한 1844									
이재면 1845								1912	
박의병 1853									
조진태 1853									
이윤용 1855									
이완용 1858									
송병준 1858									
박제순 1858								1916	
민병석 1858									
조민희 1859									
박영효 1861									
이병무 1864									
이재극 1864									
이근택 1865								1919	
조성엽? ?								1919	
이지용 1870									
배정자 1870									
김갑순 1872									
박중양 1874									
박상준 1877									
박병일? 1878									
박영철 1879									
김태석? 1882									
이기용 1889									
김극일? 1890									
김덕기? 1890									
김응순 1891									
박춘금 1891									
박흥식 1903									
이항녕 1915									

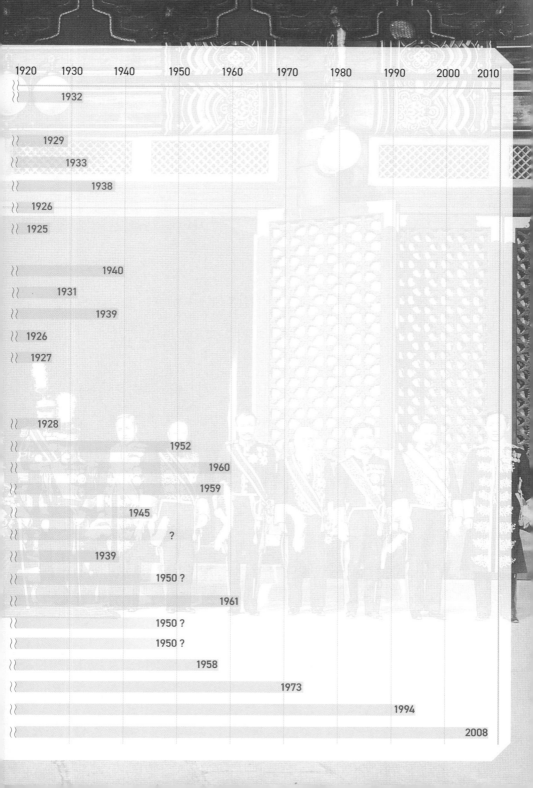

1920	1930	1940	1950	1960	1970	1980	1990	2000	2010

1932

1929
1933
1938
1926
1925

1940
1931
1939
1926
1927

1928
1952
1960
1959
1945
?
1939
1950 ?
1961
1950 ?
1950 ?
1958
1973
1994
2008

머리말

'친일'이라는 이름 뒤의 '이득'과 '소득'

친일에 관한 오해 중 하나는 '친일은 부득이했다'는 논리다. 일
제의 위협과 강압 때문에 어쩔 수 없이 친일을 했을 뿐이라는 주
장이 오랫동안 이어지고 있다.

하지만 정말로 친일이 부득이했다면, 해방 직후부터 친일청산
열기가 고조된 이유를 쉽게 이해할 수 없게 된다. 친일파들이 일
제의 강요와 협박 때문에 억지로 친일하는 모습을 동시대의 대중
이 목격했다면, 해방 직후에 대중이 친일청산을 거세게 요구할 명
분이 없었을 것이다. 대구 폭동으로도 불렸던 1946년의 대구 10
월항쟁은 미군정의 경제정책 실패와 토지개혁 지연 때문에도 폭
발했지만, 미군정의 친일파 기용에 대한 분노 때문에도 폭발했다.
친일이 어쩔 수 없는 일이고 동정의 여지가 있는 일로 비쳤다면,
그 시대 대중의 분노가 친일청산을 명분으로 그처럼 쉽게 응집되
기는 힘들었을 것이다.

지금도 그렇고 그때도 그렇고, 대중은 위안부·강제징용·강제징병 피해자와 친일파의 차이를 명확히 구분한다. 외형상으로는 양쪽 다 일본에 협력한 사람들로 잘못 비쳐질 수도 있지만, 대중은 양자를 동일시하지 않는다. 이는 이들 피해자들이 일본에 협력한 것과 친일파들이 일본에 협력한 것이 차원이 다르다는 점을 누구나 쉽게 인식할 수 있었기 때문이다.

해방 직후부터 친일파들은 극렬하게 저항해 강렬한 인상을 남겼다. 그들은 친일청산을 위한 반민족행위처벌법(반민법)을 '빨갱이법'으로 몰아붙였다. 1948년 8월에 서울 곳곳에 뿌려진 전단지에는 '반민족자를 처단한다는 자는 공산당 주구이다'라며 '즉시 반민족행위처벌법을 철회하라'는 문구가 인쇄돼 있었다.

이처럼 친일파들은 친일청산을 공산당 운동이나 좌파 운동으로 매도하며 이를 폭력적으로, 결사적으로 저지했다. 오늘날 우리가 '좌우 대립'이라고 부르는 해방 직후의 현상은 사실은 '친일청산 세력 대 친일파의 대결', 또는 '독립운동가 출신들과 친일파들의 대결'이었다.

친일파들이 그처럼 사생결단식으로 나온 것은 자신들의 행위가 변명의 여지가 없었기 때문이다. 자신이 오해받고 있다고 생각되면 폭력을 쓰기보다는 이해를 구하고자 하는 것이 인지상정이다. 해방 직후의 친일파들이 이해를 구하려 하지 않고 다짜고짜

폭력부터 휘두른 것은 그들도 자신들이 무슨 짓을 했는지를 잘 알고 있었기 때문이다. 정말로 친일이 부득이했다면, 이런 사회적 현상은 나타나지 않았을 것이다.

물론 친일파에 대한 일제의 압력이 전혀 없었던 것은 아니다. 하지만, 그 압력은 위안부·강제징용·강제동원 피해자들에 대한 압력과는 차원이 달랐다. 이런 피해자들에 대한 압력은 거부하기 힘든 것이었지만, 상류층 또는 지식인 출신 친일파들에 대한 압력은 이와 달랐다. 이는 일정 정도의 불이익을 감수하고 거부권을 행사할 수 있는 것이었다.

국내에 거주한 독립운동가 상당수가 일제강점기 후반에 활동량을 현저히 줄인 것은 그런 압력에 대한 나름의 방어인 측면이 컸다. 친일에 휘말리지 않고 소신을 지키기 위한 소극적 저항의 측면도 있었던 것이다. 침략전쟁을 위한 대중 동원이 극심했던 1940년대에 독립운동가 윤보선이 은둔 생활을 한 것도 비슷한 맥락에서 이해될 수 있다. 목숨을 부지하기 위해 마지못해 친일을 했다고 변명하는 사람들의 대다수는 실제로는 일정한 불이익을 감수하고 일본의 요구를 일정 정도는 거부할 수 있는 지위에 있던 사람들이다.

친일파들은 19세기 후반에 본격적 활동을 개시해 20세기 중후반에 역사 무대를 떠났다. 반세기 넘게 이 그룹이 유지될 수 있었던 것은 이들에게 에너지가 끊임없이 제공됐기 때문이다. 그런 에너지 중 하나가 물질적 보상이다. 일제는 이들에게 월급이나 수당, 간접 지원 등의 형식으로 금전적 보상을 제공했다. 문인들의 경우에는 원고료가 지급됐다. 외형상 일제에 기부만 한 것 같은 친일 부호들도 실상은 그런 보상을 받았다. 화신백화점의 박흥식이 일제에 바친 기부금은 그가 조선비행기공업주식회사를 차리고 운영하는 밑바탕이 됐다. 친일 종교인들의 경우에는 외형상은 일제가 아닌 교단에서 봉급이 지급됐지만, 이들이 직책을 유지한 것은 일제의 지원이 있었기 때문이다. 그래서 그런 봉급 역시 제국주의의 손길이 묻은 것이었다.

이렇게 갖가지 형식으로 제공된 친일재산은 이 그룹이 반세기 넘게 일본과 제휴하며 한국 민중을 억압하고 그 속에서 기득권을 유지·강화하는 원동력이 됐다.

친일재산에 기초한 기득권은 보수세력인 친일파들이 동족을 지배하고 억압하는 수단이 됐다. 그래서 '친일재산'은 그들을 이해하는 데에 긴요한 키워드다. 친일파에 관한 이 책이 굳이 '친일파의 재산'이라는 콘셉트를 앞세운 것은 친일이 일제의 강요에 의해 억지로 한 것이 아니라 자신들의 경제적 이익을 추구하는 행위였으며, 이를 바탕으로 기득권을 유지하기 위한 행위였음을 명명백백하게 보여주기 위해서다. 한마디로, 일제강점기 보수세력의 재정적 기반이 친일재산이었다는 사실을 분명히 하기 위해서 이런 콘셉트를 표방한 것이다.

지금 대한민국에서는 친일청산이라는 역사적 과제가 그 어느 때보다 폭력적인 공격을 당하고 있다. 이런 엄혹한 시기에 책을 출간해주신 북피움 출판사 대표님께 감사를 표한다. 부족한 글을 세세히 검토하고 고쳐주신 편집장님께도 감사드린다. 일제 식민 지배로 인한 민족적 수난과 그에 대한 민족적 저항의 가치가 형편 없이 매도되고 부정되는 이런 시기에 이 책이 친일청산과 우리 사회의 진보에 조금이라도 보탬이 될 수 있기를 기원한다.

2024년 8월

김종성

차례

임금의 형, 나라 팔아
이완용보다 5배 더 받았다

백성들을 넘긴 대가로 83만 원이라는 거액의 국채증서를 받은 이재면

일본은 단독으로 대한제국을 쓰러트리지 못했다. 한국을 강탈하는 과정에서 친일파들의 조력을 크게 받았다. 이로 인해 정치적 빚을 졌으니, 일본이 볼 때 친일파들은 빚쟁이였다. 그런데 이들 빚쟁이들에게 갚아야 할 빚이 한두 푼이 아니었다. 친일파들은 대한제국 내의 정치적 자산을 발판으로 일본에 협력했다. 대한제국이 없어지는 것은 친일파들에게도 손실이었다. 이 손실분을 만회해줘야 할 책임이 일본에게 있었다. 그래서 일본은 대한제국 멸망 직후에 빚 청산에 나섰다. 그런데 빚을 현금으로 갚지 않고 증서로 대신했다.

일본이 조선의 친일파들에게 건넨 것은 국채증서인 은사공채

였다. 자신들이 갚아야 할 빚을 갚으면서 이름은 '일왕이 은혜로 하사한다'는 의미의 '은사공채'라는 이름을 붙인 것도 어불성설이었다.

일본이 은사공채를 지급한 날은 1911년 1월 13일이었다. 지급은 오전과 오후, 두 팀으로 나누어 이루어졌다. 굳이 왜 팀을 나누었을까? 왕족을 여타 귀족과 분리하고자 교부 시간을 오전과 오후로 달리했던 것이다. 오전에 먼저 받은 이들은 2명의 공족, 즉 대한제국 황족 출신인 이강과 이희였다. 이강(초명 이평길)은 고종의 다섯째 아들이며, 이희(이재면)는 흥선대원군의 장남이자 고종의 형이다. 오후 1시부터는 공족 아래인 귀족, 즉 후백자남에게 지급했다.[1]

어쩌면 왕이 되었을 남자, 동생에게 밀리다

철종이 운명한 그해에 이재면은 19세였고, 죽어서 고종으로 불

---

[1] 조선총독부 기관지인 「매일신보」 1911년 1월 12일자 기사 원문은 다음과 같다. '은사공채 본(本)증권의 하부(下附)'는 공작과 후작·백작·자작·남작을 '공족 및 귀족'으로 구분지으며 이렇게 보도했다. "조선공족 급(及) 귀족에게 대하야 거액의 은사공채 사령서를 하부함은 일반 지료(知了)하난 바어니와 금회에 해(該) 공채의 본증권이 완성되얏슴으로 명(明) 13일브터난 이강공(公), 이희공 양(兩) 전하에게, 오후 1시브터난 후백자남 등 각 귀족에게 일절 하부할 터인대."

흥친왕으로 책봉된 이재면.

릴 그의 동생 이재황(이명복)은 12세였다.[2] 철종이 후계자 없이 사
망한 이 상황에서 이재면은 동생에 밀려 주상 자리에 오르지 못
했다.

　만약 아버지 흥선대원군이 임금이었고 아버지를 뒤이어 왕이
되는 상황이었다면, 고종이 아닌 이재면이 왕이 됐을 가능성이 훨
씬 컸다. 아니, 일반적인 상황에서는 그것이 당연했다. 하지만 7촌
관계인 철종을 이어 왕이 되는 상황이었다. 이런 경우에는 다른
논리가 적용됐다. 직계가 아닌 방계가 계승하는 경우에는 되도록

---

[2]　고종의 전임자인 철종의 사망일을 1863년 12월 8일로 잘못 적은 책들이 있지
만, 『철종실록』에 따르면 그날은 음력으로 철종 14년 12월 8일이고 양력으로 1864
년 1월 16일이다. 실록에 나오는 날짜를 양력 날짜로 착각하다보니 철종이 1863년
에 사망했다는 오류가 나오게 된다. 철종이 사망한 해가 1864년이므로 고종이 왕
이 된 해도 1863년이 아니라 1864년이 된다.

나이 어린 미성년자가 유리했다. 이때는 순수함의 이미지가 중요하게 작동했다. 바로 이 점에서 이재면은 일곱 살 어린 동생에게 밀렸다. 그에 더해, 어린 아들을 왕으로 세워놓고 자신이 실권을 행사하고자 했던 흥선대원군의 야심도 크게 작용했다. 요절한 효명세자의 부인인 조대비(신정왕후) 역시 흥선대원군의 아들들 가운데 만만한 아이를 옹립함으로써 자신과 풍양 조씨의 영향력을 확대하려 했다고 역사학자들은 해석하고 있다. 구한말의 이런 복잡한 정치적 배경들로 인해 이재면은 왕위를 놓치고, 동생을 왕으로 받들어야 했다.

다른 집도 아닌, 자기 집을 팔아먹다

이재면은 대한제국 멸망(1910.8.29) 4개월 보름 뒤에 은사공채를 받았다. 이강과 더불어 그의 증서에 적힌 금액은 '단연 톱'이었다. '백작' 이완용이 15만 원을 받은 데 비해 이재면과 이강은 83만 원을 받았다. '대한제국 임원' 이완용이 더 많은 부역 행위를 했지만 '총수 일가'인 이재면이 더 많은 사례금을 받았던 것이다.

대한제국 멸망 때 황족이었던 이재면은 일본을 적극 지원했다. 황실 가문이 국가와 동격으로 간주됐던 이 시절에 그는 자기 집안을 팔아넘기는 일에 앞장선 셈이었다.

이재면은 '경술국적'이기도 했다. 1910년 8월의 합병조약 체결을 위한 어전회의가 열렸을 때 이재면은 황족 대표로 참석했다. 그리고 이완용(총리대신), 박제순(내부대신), 조중응(농상공부대신), 고영희(탁지부대신), 민병석(궁내부대신), 윤덕영(시종원경), 이병무(시종무관장 겸 친위부장관)와 함께 '경술국적'으로 영원히 역사의 역적이 되었다.

어쩌면 자신이 임금이 될 수도 있었던 나라다. 그런 나라를 팔아넘기는 최후의 순간에 황족 대표 자격으로 참여해 결정적인 역할을 수행했다. 그리고 그 대가로 83만 원짜리 증서를 받았던 것이다.

이재면의 83만 원, 현재 가치로 "166억~830억 원 정도"

이재면과 이강 외에 76명의 조선귀족이 은사공채 지급 대상자로 선정됐다. 일본이 대상자들에게 지급한 은사공채 총액은 600만 원이 넘는다.[3] 이 공채는 '5년 거치 50년 상환' 조건으로 지급됐다. 일제 지배가 35년 뒤에 종결되리라고 예견하기 힘들었던 이 시기에 50년 뒤에 원금을 상환한다는 조건으로 은사공채를 발행했던 것이다. 현금이 아닌 채권으로 지급됐기 때문에 정기적으로 이자를 수령할 수 있었다. 6개월마다 지급된 이자는 연 5%였다.

『친일반민족행위진상규명보고서』(2009)에 따르면 이재면이 받은 83만 원은 현재 가치로는 "166억에서 830억 원 정도"로 평가된

---

[3]　『친일반민족행위진상규명보고서』 제3-1권 참조.

한일합방 직후 이재면과 측근들.

다. 해마다 발생하는 이자만 8억 3,000만에서 41억 5,000만 원 정도였던 것이다. 한편, 최하위 조선귀족인 남작들에게는 2만 5,000원이 지급됐다. 오늘날 가치로 환산하면 5억에서 25억 원으로 추산되니, 해마다 2,500만~7,500만 원의 이자가 발생했다.

오늘날의 일본은 이용수 할머니 같은 위안부 피해자들에게 1인당 2억 원을 배상하라는 판결까지 나왔음에도 고래 심줄보다 질기게 버티면서 배상하지 않고 있다. 이와 달리, 100년 전 일본은 친일파들에게 흔쾌히 거액을 약속했다. 한국을 빼앗을 때의 일본은 매우 기분 좋은 채무자였던 것이다.

이재면이 받은 83만 원짜리 증서는 나라를 넘기는 데 협조한 대가, 즉 백성과 영토를 넘겨준 대가였다. '기업을 넘긴다'고 하려면, 공장과 기계뿐 아니라 직원까지도 넘겨야 한다. 공장과 기계만 넘기는 것은 기업을 넘기는 것이 아니다. 이재면이 일본에 넘긴 것에도 대한제국 영토뿐 아니라 대한제국 백성들까지 포함됐다. 백성들을 넘긴 대가로 83만 원짜리 국채증서와 더불어 이자 수령권을 획득했다. 이자를 지급하는 주체는 일왕과 일본 정부이지만, 실제로 돈을 뜯기는 쪽은 한국 백성들이었다. 이재면이 한국 백성들을 넘긴 대가로 83만 원을 약속받은 뒤 한국 백성들에게서 수탈한 돈으로 그 이자를 받게 됐던 것이다. 한국 민중에 대한 간접적인 수탈의 방식으로 재테크를 했다고 볼 수 있다.

이완용과는 비교도 되지 않는 거액의 증서를 받아든 이재면은 신분상의 특권도 함께 보장받았다. 이강과 함께 공소에 봉해져 이희공 전하의 예우를 받고, 일본 육군 중장의 예우를 받으면서 제복을 착용할 수 있는 특권도 받은 것이다.

이재면은 1912년 8월에도 한국병합기념장을 받았다. 그로부터 얼마 지나지 않은 9월 9일에 만 67세로 세상을 떠났다. 어쩌면 구한말 조선의 왕이 되었을 수도 있었을 남자의 '집안 팔아 축재하기'에 올인한 더러운 일생은 이렇게 끝났다. 그의 지위와 특권은 아들 이준용에게 고스란히 세습됐다.

"'만세'가 아니라 '반자이'라 불렀나이다"

일왕 생일 파티에서 '만세'를 외친 이재극의 황당한 변명

"천황 폐하 만세(덴노 헤이카 반자이)!"

대한제국의 국제적 환경이 급격히 불리하게 돌아가던 1905년 11월 3일, 장소는 지금의 서울 남산 기슭에 있었던 주한일본공사관이었다. 여기서 메이지明治라는 연호를 쓰는 무쓰히토 일왕(천황)의 53회 생일 파티인 천장절 행사가 열렸다. 이날 황실 대표로는 이재극이 남산에 올랐다. 왕실 사무를 총괄하는 궁내부대신 자격이었다.

고종 황제와 황실을 대표해 그 행사에 참석했던 그가 이날 연회에서 보인 행동은 고종을 불쾌하게 만들었다. 연회장에서 축배

를 들고 "천황 폐하 만세(덴노 헤이카 반자이)"를 세 번이나 외쳤기 때문이다. 전문가 5인의 감수를 받은 1968년 5월 12일자 「조선일보」는 4면 특집기사 '개화백경開化百景'은 "이 말이 고종황제의 귀에 들어갔다."라며 이렇게 서술한다.

> "노한 황제는 이재극을 불러 호되게 꾸짖었다. 한국에 있어 당시의 만세는 국왕의 만수를 비는 이외에 써서는 안 되었다. 하물며 궁내대신이 500년의 전통을 깬다는 것은 불손하다고 힐문했다."

꾸중을 들은 이재극은 멈칫멈칫했다. 그러더니 엉뚱한 해명을 내놓았다. 그의 입에서 이런 말이 나왔다.

> "신은 만세라 부르지 않고 반자이라 불렀나이다. 더욱이 무관無冠으로 불렀사오니 성려聖慮에 누가 아니 될까 하옵니다."

고종의 8촌 동생인 이재극은 고종보다 열두 살 어렸다. 이런 관계가 아니었으면 '만세라고 한 적 없습니다, 반자이라고 했습니다' 같은 말장난을 하기 힘들었을 수도 있다.

이재극은 자기가 만세를 부를 때 관모를 쓰지 않았다는 말도 했다. 오늘날에는 실내에서 모자를 쓰면 무례하다고 말하지만, 그 시절에는 정반대였다. 만세 부를 때 관모를 벗어 일왕에 대한

불경을 표시했으므로 성상께 염려를 끼칠 만한 일은 없었다는 게 그의 주장이다. 고종은 할 말이 없어 말문을 닫았다고 한다. 이 재극이 이듬해인 1906년 7월까지 궁내부대신을 역임한 것을 보면 이 사건으로 어떤 문책도 당하지 않은 것 같다.

천장절에 담긴 의미

지금 일본에서 공식적으로 사용되는 용어는 천황탄생일天皇誕生日인데, 이 용어는 미군정 때인 1948년부터 쓴 것이다. 그 전에는 '천장절天長節'로 불렸다. 일본 왕비의 생일은 '지구절地久節'이었다.

노자의 『도덕경』은 "하늘은 길고 땅은 오래간다(천장지구天長地久)" 며 "천지가 길고 오래갈 수 있는 것은 그것이 스스로의 뜻으로 살지 않기 때문이다."라고 한 뒤 "그래서 오래갈 수 있는 것이다."라고 말한다. 자기 뜻대로 살지 않는 무無사심의 마음가짐을 갖고 세상 만물을 생육시키려는 자세로 살아야 영구적인 존재가 될 수 있다는 메시지다. 여기에 나오는 '천장지구'를 따서 일왕 부부의 생일을 지칭하게 됐다.

『도덕경』 문구를 따를 것 같으면, 지구절과 천장절 주인공들은 스스로를 위해서가 아니라 만백성과 우주 만물을 위해 살아가는 존재들이다. 일왕 부부의 위대함을 표현하는 동시에, 그들에 대한 감사의 마음을 도출하려는 기획을 읽을 수 있다. 그런 메시지를 담은 천장절 행사에 대한제국 공인인 이재극이 참석해 '반자이'를

1905년 7월 29일, '일본은 대한제국을, 미국은 필리핀을 갖는다'는 가쓰라 · 태프트 밀약을 체결한 당사자인 가쓰라 다로(왼쪽)와 윌리엄 태프트(오른쪽). 이로써 일본은 한국 침탈에 가속도를 내게 된다.

외쳤던 것이다.

도망갈 방책도 마련해두다

1894년에 청나라를 격파한 일본은 10년 뒤에는 러시아까지 제압했다. 러일전쟁은 1905년 9월 5일 포츠머스강화조약으로 종결됐다. 이 조약 38일 전인 7월 29일, '일본은 대한제국을, 미국은 필리핀을 갖는다'는 가쓰라 · 태프트 밀약이 체결됐다. 일본이 미국의 응원하에 한국 침탈에 속도를 낼 수 있게 된 것이다.

일본을 견제할 청나라 · 러시아는 패전으로 물러나고, 일본을 돕는 미국의 발언권은 강해졌다. 이런 상황은 대한제국을 둘러싼 외교 환경을 불리하게 만들었다. 이것이 그해 11월 17일에 외교권을 빼앗기는 을사늑약의 배경이 됐다.

이재극과 고종 간에 위 대화가 오고간 시점은 을사늑약이 체결되기 직전이었다. 아직 공식적으로 외교권을 빼앗기지는 않은 때였던 것이다. 그렇지만, 일본이 러시아를 꺾는 모습을 보면서 앞으로 일본이 더 강해지리라고 충분히 예상할 수 있었던 때였다. 그런 시기에 이재극은 일왕 생일연에서 '반자이'를 외쳤다. 궁내부대신이 보여준 이 행동은 일본에 대한 한국의 종속성이 한층 강화될 것임을 예고하기에 충분했다.

이재극은 '천황 폐하 만세'를 외칠 때 신변 안전을 위한 꼼수도 생각해뒀다. 그는 한 손에 술잔을 든 채 다른 손으로 잽싸게 관모를 벗었다. 일왕에 대해 완벽한 예를 취하지 않았다고 말할 수 있는 근거를 만들어놓은 것이다. 그런 상태에서 한국어 '만세' 대신 일본어 '반자이'를 불렀다. 외국 군주를 위해 만세를 부르지 않았다고 변명할 단서를 만들어둔 것이다.

공부 열심히 하고 과거에도 급제한 왕족이 어쩌다가

이재극은 왕족치고는 실력파였다. 15세 때인 1879년에 종9품 교사인 동몽교관이 된 그는 29세 때인 1893년에 과거시험 대과에 급제했다. 10대 중반에 교사가 된 일이나 서른 이전에 대과에 급제한 일은 왕족 신분에 안주하지 않고 학업을 열심히 했음을 보

이재극.

여준다.

순조롭게 승진하여 38세 때인 1902년에 법부대신이 된 그는 학부대신 시절인 1904년 10월 일본을 시찰했다. 귀국 직전에 이재극은 일본 정부가 주는 훈1등 욱일장을 받았다. 외교관계상 의례적으로 주는 훈장이었다고는 하지만, 1년 뒤 일왕 생일연 때의 모습을 감안하면, 일본을 시찰한 것과 더불어 욱일장 훈장을 받은 경험이 친일파가 되는 데 영향을 줬으리라고 볼 수 있다.

이재극은 고종이 폐위된 1907년부터 적극적인 친일의 길을 걸었다. 조선총독부의 전신인 한국통감부의 식민정책에 동조하는 동아개진교육회에도 관여하고, 일본 왕세자(황태자)의 방한을 환영하는 신사회 같은 단체에도 가세했다. 1909년에는 한국 시조인 단군과 일본 시조인 아마테라스 오미카미를 함께 숭배하는 신궁경의회와 신궁봉경회의 부총재가 됐다. 1910년에는 한일병합(한일합방) 찬성 단체인 정우회의 부총재로 활약했다.

군수 월급의 500배짜리 국채도 받고, 일왕이 내린 술병도 받다

이재극의 친일에 대해 일본은 1910년에 남작 작위를 내려주는 것으로 화답했다. 1911년에는 2만 5,000원짜리 은사공채도 수여했다. 군수 월급이 50원이던 시절에 그것의 500배나 되는 일본 국채를 은행에 묻어두고 연 5% 이자를 받아먹을 수 있게 된 것이다. 노후 걱정을 없애주는 친일재산을 획득한 상태에서 편안한 마음으로 일제강점기를 맞이했던 것이다.

일본은 다른 방법으로도 그의 친일 행위를 칭찬했다. 욱일장뿐만 아니라 한국병합기념장, 황태자도한기념장도 가슴에 달아주었다. 이에 더해 술병도 내렸다. 『친일인명사전』에서 1910년 10월과 11월의 일을 설명한 대목을 보자.

"조선총독부가 비용 전액을 후원하고 일본 천황에게 사은의 뜻을 표하기 위해 조직한 조선귀족일본관광단의 일행으로 참가하여 일본의 주요 도시를 방문하고 일본 천황의 생일인 천장절 연회에 초대받아 천황이 주는 주병酒瓶을 받고 돌아왔다."

1905년에 남산에서 '덴노 헤이카 반자이'를 외친 그는 고종 황제 앞에서 변명을 해야 했지만 불과 5년 뒤인 1910년에는 아무 거리낌 없이 마음껏 외칠 수 있었다. 다시 10년 뒤인 1920년에도 일본 정부가 주는 금배를 받았다.

이재극은 을사늑약으로 외교권을 빼앗기기 직전에 일왕 생일연에서 선제적으로 만세를 외쳐 한국의 어두운 운명을 상징적으로 보여줬다. 일제강점기에도 동민회, 대정친목회 같은 친일단체에 가담해 한결같은 친일 노선을 이어갔다. 동민회 회장으로 활동하던 1927년 6월 3일 사망함으로써 20여 년을 한결같던 이재극의 친일은 겨우 막을 내렸다. 이재극의 작위는 장남 이인용이 이어받았다.

"새야 새야 녹두새야,
박으로 너를 치자"

동학혁명을 진압하고 '을사오적'에 '경술국적'까지, '친일 2관왕' 박제순

1905년 을사년에 일본은 '을사늑약'으로 대성공을 거두었다. 총칼을 쓰지 않고 일국의 외교권을 단숨에 빼앗아버린 것이다. 말이 '보호'였지, 실제로는 식민지로 만들어버렸다. 한때 '을사보호조약'으로도 불렸던 한일협상조약이 1905년 11월 17일에 체결됐다는 판단을 전제로 1939년에 대한민국 임시정부는 그날을 순국선열공동기념일로 제정했다. 대한민국 정부도 IMF 외환위기가 고조되던 1997년부터 그날을 정부 주관 기념일로 거행했다.

그런데 실제로 을사늑약은 1905년 11월 17일이 아닌 그다음 날 새벽에 조인됐다. 고종 황제의 재가를 받지 못한 상태였기 때문에, 실제 조인된 것은 예정일보다 하루 뒤인 18일이다. 이것은 조

선총독부 문서에도 나와 있다.

> "조인을 마친 것은 실로 11월 18일 오전 1시 반이었다."
>
> — 조선총독부, 『조선의 보호 및 병합(朝鮮ノ保護及倂合)』, 1918.

18일 새벽에 문제의 날인을 해준 인물은 을사오적 가운데 하나
인 박제순이었다. 외부대신인 그가 하야시 곤스케林權助 주한일본
공사와 함께 날인한 을사늑약 문서가 1984년 1월 일본 외무성 외
교사료관에서 공개됐다. 이 문서를 확인한 윤병석 당시 인하대 교
수의 진술을 들어보면, 오늘날로 치면 외교부 장관격인 대한제국
외부대신이었던 박제순이 일본을 위해 어떤 일까지 했는지 알 수
있다. 그 문서에는 박제순 외부대신과 일본 특명전권대사 하야시
곤스케의 도장만이 찍힌 한문과 일문으로 된 2통의 문서만 있을
뿐, 고종과 일왕(무쓰히토睦仁, 메이지 일왕)의 비준서는 없었다.[4]

윤 교수는 고종 황제가 재가했음을 보여주는 문서는 물론이고,
무쓰히토 일왕이 재가했다고 알려주는 문서 역시 발견되지 않았
다고 보고하면서 "을사5조약은 서둘러 만든 조잡한 문서로, 박제

---

[4] 박제순과 하야시의 직인이 찍힌 늑약 문서 사진과 함께 실린 그해 2월 13일
자 「경향신문」 7면 좌상단 기사는 "박제순 외부대신과 일본 특명전권대사 임권조
의 도장만이 찍힌 한문과 일문으로 된 2통의 문서만 있을 뿐, 고종과 목인(일본
천황)이 이 조약을 인정한 비준서는 발견되지 않았다."라는 윤병석 교수의 진술을
전했다.

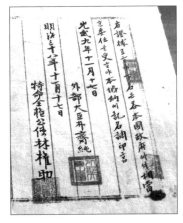

'광무 9년 11월 17일'로 날짜가 적혀 있는 을사늑약 문서. '외부대신' 박제순과 '특명전권공사' 하야시 곤스케의 이름이 나란히 쓰여 있고 인장이 찍혀 있다. 하지만 실제로 직인이 찍힌 날짜는 11월 18일이었다.

순과 하야시 곤스케가 도장을 찍은 시간도 18일 하오 2시였으나 17일로 적혀 있는 날조된 문서였다."고 말했다. 정확하게는 18일 하오 2시가 아니라 새벽 1시 반쯤이었다. 윤 교수의 착오다. 그의 보고에 나타난 것처럼, 실제로는 18일에 직인을 찍었으면서도 늑약 문서에는 17일로 표기했다. 일본이 예정한 17일에 정상적으로 체결된 것처럼 보이게 하려고 그렇게 했다고 볼 수밖에 없다. 일본 측에 끌려다니며 불법성을 묵인해준 박제순의 모습을 떠올리게 만든다.

박은식은 『한국독립운동지혈사』에서 을사늑약 당일의 광경을 이렇게 기록했다.

"17일에는 헌병과 순사들로 하여금 우리의 각부 대신을 입궐시켜 어전회의를 열도록 압박하였다. …… 이토와 공사 하야시,

대장 하세가와 등은 군사를 끌고 들어와 총포와 창검을 궁전의 섬돌 위에 빽빽하게 늘어세운 후 여러 대신들과 더불어 협의하였다."

고종의 비준이 있고 없고 외부대신의 직인이 있고 없고를 떠나서, 이 광경만으로도 을사늑약은 무효다. 이런 분위기에서 정상적인 조약이 체결될 리 만무하다. 이렇게 일본이 깔아놓은 판 위에서 외부대신이라는 자가 직인 날인 시점마저 거짓으로 포장하는데 가담했던 것이다.

"새야 새야 녹두새야, 박으로 너를 치자"

박제순은 철종 때인 1858년 경기도 용인시에서 태어나고 25세 때인 1883년 별시문과에 급제했다. 그 뒤 이조참판·호조참판·성균관 대사성 같은 전통적인 관직도 역임했지만, 그보다는 외교나 국제통상 분야에서 훨씬 두각을 나타냈다. 1883년에 통리교섭통상사무아문 주사가 되고, 청나라 천진(톈진)에 서기관으로 파견됐다. 1888년에는 인천부사 겸 감리통상사무가 됐다. 1890년에는 영국·독일·러시아·이탈리아·프랑스 5개국 전권대신에 임명됐지만 부임하지는 않았다. 1899년에는 청나라와의 한청통상조약 체결에, 1901년에는 벨기에와의 수호통상조약 체결에 관여했다. 외교 분야에서 능력을 인정받았던 것이다.

일본은 불평등조약인 강화도조약을 관철시킨 1876년 이래로 조선 시장에서 청나라를 제치고 경제적 우위를 유지했다. 일본이 그에 더해 정치·군사적 우위까지 차지한 것은 1894년이었다. 동학혁명이 일어나자 일본은 군대를 파견하고 청일전쟁을 일으켜 승리를 거뒀다. 이로써 경제뿐 아니라 정치·군사적으로도 조선을 좌지우지하게 됐다.

박제순이 친일 본색을 드러낸 것은 이 시점부터였다. 을사늑약 11년 전부터 일본 제국주의에 재빨리 '베팅'을 했던 것이다. 그가 인류 역사상 최악의 착취 시스템인 제국주의를 편들었다는 점은 동학혁명 당시의 대중가요 가사에도 들어 있다. 박제순은 충청도 관찰사로 재직할 때 일본군 및 경군京軍과 함께 공주의 농민군을 공격했다. 당시 이런 노래가 있었다고 한다.

> "당시 '새야 새야 전주 고부 녹두새야, 박으로 너를 치자'라는 노래가 있었다. 여기서 박이란 박제순을 일컫는 말로, 농민군 진압에 박제순의 공이 컸다는 것을 알려준다." [5]

일본군과 손잡고 조선 민중의 군대를 진압했고 거기서 두드러진 활약을 보여 대중가요 가사에까지 등장했다. 을사늑약 때는

---

[5] 2005년 3월 「내일을 여는 역사」에 실린 역사학자 현광호의 논문 '박제순, 일본맹주론을 맹신한 외교가' 참조.

박제순.

외교로 친일을 하고, 그 전에 동학혁명 때는 토벌 작전으로 친일을 했다. 문무겸전의 가치를 친일에서 실현한 셈이다.

『친일인명사전』 제2권 박제순 편은 1901년 11월에 그가 특명전권공사 자격으로 일본에 건너가 한일동맹 문제 등을 협상한 일을 소개하면서 "별다른 성과를 거두지는 못했다."라며 "일본에 체재하면서 일본국 훈1등 욱일대수장을 받았다."고 기술한다. 1901년에는 별다른 성과를 거두지 못했다. 그렇지만, 그 이전인 1894년에는 동학군 진압을 통해 일본의 조선 장악에 일조했다. 훈장을 받을 이유가 충분했다고 볼 수 있다.

내친 김에 한 번 더? 을사오적+경술국적으로 '친일 2관왕'

을사늑약을 도와 '을사오적'이 된 박제순은 1910년 국권침탈 때도 일본을 도와 '경술국적'이 됐다. '친일 2관왕' 박제순에 대한 일본의 보답은 상당했다. 귀족 작위인 자작을 부여하고 중추원의 고문으로 추대했다. 일본관광단의 일원으로 공짜 여행도 시켜줬다. 일본은 중추원 고문이 된 그에게 1916년 사망 때까지 연봉 1,600원을 지급했다. 1910년에 평안도 중화군수의 연봉이 600원이었다. 박제순의 연봉은 그것의 두 배 반이 넘었다. 일본은 1911년에는 은사공채 10만 원도 지급했다. 아무 걱정 없이 살 수 있게 해줬던 것이다.

매국의 아이콘,
경성 최대의 현금 부호가 되다

1925년 한국인 부자 2위로 기록된 이완용

1909년은 이토 히로부미가 죽은 해다. 그런데 그해에 이완용도 목숨을 잃을 뻔했다. 안중근 의사의 10·26 의거로부터 두 달쯤 뒤에 51세의 이완용은 22세 청년 독립운동가 이재명의 기습을 받았다. 그해 12월 22일 오전 11시에 종현천주교당(지금의 서울 명동성당)에 가서 추도 미사를 하고 나오다가 공격을 받았던 것이다. 일본의 한국 지배를 추진하던 한일 양국의 두 거물이 두 달 간격으로 세상을 떠날 뻔했던 것이다.

그날 이완용은 벨기에 국왕 레오폴 2세 추도식에 참석하기 위해 종현천주교당에 갔다. 『규장각일기』에 따르면, 12월 하순인 그날의 날씨는 맑았다.[6] 그 역사적인 순간을 기록한 구한말 역사서인 황현의 『매천야록』을 보자.

> "완용은 비리시比利時 황제가 사망하여 종현교회에 설치된 추도회로 갔다. 재명은 교회당 밖에서 엿보고 있다가 완용이 인력거를 타고 나타나자 칼을 휘두르며 인력거 인부 박원문을 찔렀다. 그가 상처를 입고 쓰러지자 재명은 몸을 날려 인력거에 뛰어올랐다. 완용이 급히 피하는 사이에 그의 허리와 등 세 군데를 잇달아 찔렀으나, 순사들이 재명을 찔러 인력거에서 떨어트린 후 완용을 여럿이 들고 갔다."

이완용은 폐를 포함해 세 군데나 칼에 찔렸다. 이재명이 번개같이 인력거에 뛰어올라 이완용의 신병을 확보한 상태에서 공격을 가했으므로 목숨을 잃을 수도 있는 중상을 입었다. 이토 히로부미에 이어 이완용까지 죽었다면 당시 대한제국 정세는 한층 긴박하게 돌아갔을 것이다.

이완용이 목숨을 건진 것은 순사들의 도움 때문이기도 했지만, 상당 부분은 헤어스타일과 옷차림 덕분이었다. 다시 『매천야록』을 보자.

---

[6]   『규장각일기』는 임금 비서실의 일지인 『승정원일기』를 계승한 일지다.

이완용을 공격했던 이재명 의사.

"완용은 머리를 깎은 데다가 양복을 입고 있었으므로 붙들기가 불편했고, 융전絨氈으로 두껍게 단장을 하고 있어서 급소를 찌르지 못한 것이다."

두꺼운 모직물에다가 짧은 머리와 양복 덕분에 이완용이 목숨을 건진 측면도 있었다는 것이다. 머리카락이 좀 더 길어서 이재명이 붙들기 조금만 쉬웠다면 이완용은 자신이 팔아치운 나라의 미래가 어떻게 펼쳐지는지 목격하지 못했을 수도 있다. 하지만 대한제국 백성들에게는 너무나 불행하게도 이완용의 명줄은 질겼고, 그는 살아남아 한민족의 뒤틀려가는 운명을 지켜보면서 자신의 배를 한껏 불렀다.

1909년 12월 24일자 황성신문. 12월 22일 낮에 종현천주교당(오늘날 명동성당)에서 이재명 의사에게 칼에 찔려 대한의원(오늘날 서울대병원)으로 이송되었다고 보도한 내용이다.

은사공채 15만 원도 받고, 중추원에서 14년간 연봉도 받고

가까스로 살아난 이완용이 목격한 것은 일제 침략이 심화되는 장면뿐만이 아니었다. 자신의 곳간이 채워지는 장면도 함께 목격하게 됐다. 이듬해 8월의 대한제국 멸망은 이완용에게 비약적인 재산 증식의 기회가 됐다. 나라를 판 뒤 떼돈을 벌었다는 점에서 그는 친일파인 동시에 매국노였다.

이완용은 국권 침탈 이듬해인 1911년 1월 13일에 은사공채 15만 원을 받았다. 백작 작위와 함께 공채를 받은 일과 관련하여 다음 날 「매일신보」는 이완용이 수령증을 작성한 뒤 정무총감실에 들어가 증서를 받았다고 보도했다. 1910년 10월부터 1912년 5월까지 강원도 영월군수로 부역한 친일파 최양호의 월급은 50원이었다. 이완용은 군수 월급의 3,000배나 되는 상금을 받았던 것이

이완용.

다. 그리고 조선인들의 세금으로 운영되는 조선총독부 예산으로 이자가 지급됐으니, 식민지 조선 민중을 착취하여 이완용에게 상금과 이자를 준 것이다.

일제는 강점 다음 달인 1910년 9월 30일에 중추원 관제를 공포했다. 중추원은 조선총독의 자문기관으로, 형식적이지만 일종의 의회 기능을 수행한 기관이었다. 다음 날인 10월 1일에 이완용이 중추원 고문으로 취임했다. 그는 고문으로 부역한 대가로 1910년부터 1912년까지 연수당 1,600원을 받았다. 매월 130원 이상을 받은 것이다. 1912년부터 1926년까지는 중추원 부의장으로 부역하면서 연수당 2,000원 내지 3,500원을 받았다.

중추원은 실권은 약했지만, 구성원들의 위상은 지금의 국회의원보다 높았다. 오늘날 국회의원 격인 중추원 의관議官의 수가 1910년에는 55명, 1921년에는 65명이었다. 전국의 유력자 중에서 이 정도 수가 선정됐으니 사회적 위상이 높을 수밖에 없었다. 중

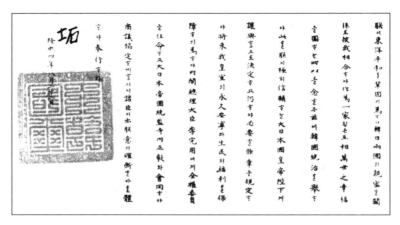

1910년 한일병합 조약문.

추원 의장은 총독부 정무총감이 겸했기 때문에 한국인이 선임될 수 있는 최고의 지위는 부의장이었다. 이완용은 그런 부의장직을 14년이나 수행하면서 경제적 안정을 보장받았다.

이완용이 매국의 대가로 재산을 축적하는 모습은 '알뜰살뜰'이라는 단어를 떠올리게 만든다. 일거수일투족이 역사에 기록될 위치에 있었던 사람치고는 '명분'보다 '수입'을 상당히 우선시했다는 느낌을 갖게 된다.

나라가 망했는데 퇴직금과 잔무수당까지 따박따박 챙기다

그는 자신이 무너트린 대한제국 관직을 그만둘 때 퇴직금도 따박따박 챙겨갔다. 1910년 8월 29일 대한제국 멸망을 전후해 잔무

아들과 손자들과 함께 찍은 이완용의 사진.
가운데 앉은 이가 이완용이며, 뒷줄 가운데
선 이가 차남 이항구다. 이완용이 안고 있는
아이와 다른 아이들은 손자들이다.

를 처리해준 것에 대한 대가 역시 수령해갔다. 그는 10월 3일 퇴
직금으로 1,458원 33전을 받았고, 합병 전후 3일간(28일~30일)의
잔무처리수당으로 60원도 받아 챙겼다.[7]

국권 침탈의 잔무를 사흘간 처리해준 대가로 군수 월급 수준
의 수당을 받아 간 것이다. 자신의 조국인 대한제국을 멸망시킨
것에 대한 미안함이나 회한 따위는 손톱만큼도 없었던 것이다.

---

[7]   1993년 8월 「역사비평」에 실린 임대식 역사문제연구소 연구원의 논문 '이완용
의 변신 과정과 재산 축적' 참조.

매국노라는 이유로 그 전해 겨울인 1909년 12월에 가톨릭 성당 앞에서 저승 문턱까지 갔다가 겨우 돌아온 그였다. 그런 일까지 겪은 사람이 바로 그 이듬해 여름에 대한제국 퇴직금을 수령하고 사흘치 잔무처리수당까지 받아 갔다. 훗날의 역사적 평가에 개의치 않는 파렴치한 삶을 살았던 것이다.

1925년 한국인 부자 2위, '경성 최대의 현금 부호'가 되다

퇴직금에 잔무수당까지 '알뜰살뜰' 모은 결과, 이완용은 식민지 한국인 중에서 1, 2위를 다투는 갑부 반열에 올랐다. 그는 68세에 죽었는데 죽기 1년 전인 1925년에는 친일파 민영휘에 이어 한국인 부자 2위로 기록됐다.[8] 현금 보유액은 그가 최고였다. '경성 최대의 현금 부호'라는 말이 있었을 정도다.

평생 관료 생활을 한 사람이 그만한 대부호가 되기는 쉽지 않다. 위에서 말한 은사공채나 연봉만으로는 그의 곳간 규모를 설명할 수 없다. 그에게는 양아버지에게서 물려받은 재산도 있고, 고종과 순종이 하사한 금전도 있었다. 이에 더해 친일 대가로 받은 비공식적인 금전도 상당했다. 이재명에게 찔려 입원했을 때도 부조금이 들어왔다. 그가 치부하는 과정에 관한 언론 보도들이

---

[8] 김윤희 당시 경원대 연구교수가 2011년에 쓴 『이완용 평전』 참조.

1916년 8월 4일자 「매일신보」. 이완용이 기고한 글로 이왕가의 왕세자 이은의 결혼 결정을 '내선융화'로 미화했다.

소개된 『이완용 평전』을 읽어보자.

"「대한매일신보」와 『매천야록』 등에 의하면, 이완용은 을사늑약과 정미7조약 그리고 한일병합 등으로 이토에게 뇌물을 받았다고 한다. 또한 한미전기회사 설립 때 모스로부터 1만 5,000원의 리베이트를 받았고, 옥새를 위조해서 고종의 내탕금 40만 원을 횡령했다는 보도도 있었다. 하지만 이러한 내용에 대한 분명한 증거가 제시된 적이 없어서 확인할 길이 없다. 이 외에 이완용이 지위를 이용해 관직 매매와 뇌물을 받았다는 비난은 끊이지 않았다." [9]

1909년에 이토 히로부미를 뒤따라 세상을 떠날 뻔했다가 간신히 살아난 이완용은 1926년에 죽을 때까지 17년 동안이나 일제의 비호 아래 차곡차곡 거대한 부를 축적했다. 그는 관료 출신치고는 이례적으로 자산 순위 1, 2위를 다투는 갑부 반열에 올랐다. 친일매국이 그에게는 황금알을 낳는 거위였던 것이다.

---

[9] 김윤희 당시 경원대 연구교수가 2011년에 쓴 『이완용 평전』 참조.

그 남자의 '통 큰' 친일 재테크,
일제의 산림 착취는 '투자 찬스'였다

동척 감사, 조선산림회 임원으로 조선 수탈의 앞잡이 노릇을 한 조진태

일제는 고위층 친일파의 통장 잔고에도 신경을 썼다. 이는 일본의 의리가 좋았기 때문은 아니다. 친일파들의 협력이 없으면 한국을 지배하기 힘들 정도로 민중의 동향이 심상치 않았다. 우호세력을 지켜주고자 주요 친일파들의 재정 상태에 관심을 기울이지 않을 수 없었던 것이다.

1894년에 일본은 동학혁명군을 진압하고자 군대를 출동시켰다. 이 군대는 조선 정부군과 청나라군에 이어 동학군까지 제압했다. 하지만 이런 군사적 우위만으로는 조선을 강점하기 힘들었다. 의병 투쟁 등이 만만치 않은 데다가 러시아를 비롯한 국제사회의 견제도 무시할 수 없었다.

전면전 방식으로 조선을 강점하기 힘들었던 일본은 1905년에 외교권을 빼앗고 1907년에 군대를 해산하고 1910년에 경찰권을 빼앗는 방법으로 대한제국을 야금야금 약화시켰다. 1894년의 군대 출병으로 우위를 확보하기는 했지만, 일반 민중을 완전히 장악하지 못한 상태에서 대한제국을 멸망시켰다. 그래서 친일파들의 협력이 더욱 절실할 수밖에 없었다. 그런 협력을 받으려면 그들이 경제적으로 곤란해지지 않도록 신경을 써야 했던 것이다.

임야 착취에 친일파 참여시킨 일제

일제는 주요 친일파들이 재테크에 대해 새로운 안목을 갖게 만들었다. 이들을 위해 특강도 열어줬다. 제1차 세계대전 중인 1915년 10월 20일에 훗날 한국외환은행(현재 하나은행)이 들어설 조선귀족회관에서도 그런 강좌가 열렸다.

강사는 바다 건너온 사람이었다. 그달 23일자 총독부 기관지 「매일신보」에서는 그를 '혼다 박사'로 부른다. 혼다의 강의를 듣기 위해 이완용 백작 등을 비롯한 저명인사들이 이곳을 찾았다. 기사는 "이완용 백작, 박제순 자작, 조중응 자작, 조진태 씨, 윤덕영 자작, 조동윤 남작, 한창수 남작, 권중현 남작" 등과 일제 식민당국 관계자들을 거명했다.

귀족이 아닌 조진태(1853~1933)의 이름이 백작 이완용보다는 뒤에 있지만, 남작 조동윤보다는 앞에 거론된다. 또 자작들의 맨 끝이 아닌 자작 조중응과 자작 윤덕영의 중간에 있다. 친일세력 내에서 조진태의 위상이 상당했음을 알 수 있다.

조진태는 재테크 강의를 쉽게 이해할 수 있는 사람이었다. 특강을 들으러 온 그해에 62세였던 그는 42세 때 공직을 그만두고 20년간 경영과 재테크 노하우를 축적했다. 그래서 이 시점에는 상당한 경제력과 지식을 갖고 있었다.

혼다는 조진태처럼 부담스러운 수강생을 앞에 둔 상태에서 "국가의 명예를 대표할 귀족의 체면을 유지하려면 상당한 재산을" 유지하는 것이 필요하다며, 현 상황에서는 국채 등의 채권 투자가 크게 도움이 되지 않는다고 일러줬다. 유럽에서 벌어지는 전쟁으로 인해 채권 수익이 좋지 않을 수 있다는 것이다. 그러면서 추천한 것이 "영구永久의 세습재산"이다. 영구불변인 산에 대해 투자하라고 권했던 것이다.

혼다는 조선처럼 산이 많은 곳에서는 임업 투자가 제격이라고 강조했다. 그러면서 광업은 위험하고 공업·상업·수산업은 경쟁자가 많아 귀족의 포트폴리오에 어울리지 않는다고 일러줬다.

일제의 식민지 수탈을 지탱한 양대 축은 토지조사사업과 임야조사사업이다. 혼다의 말에서도 나타나듯이 일제는 한국이 산악지대임을 감안해 농지 수탈뿐 아니라 임야 수탈에도 주목했다.

그러나 이를 단독으로 벌이기는 힘들었다. 임업과 연관된 한국인들의 저항을 감안하지 않을 수 없었다. 그래서 친일파를 비롯한 소수의 한국인들에게 참여의 길을 열어줬다. 이들을 동맹자로 만들려 했던 것이다. 그래서 일제의 농지 지배뿐 아니라 산림 지배에도 친일파들의 협력이 나타나게 됐다.

토지조사사업은 1910년에 시작됐다. 임야조사사업은 토지조사가 완료되기 전년도인 1917년에 시작됐다. 일본이 강점 이전부터 준비했던 한국 임야 착취가 이때부터 본격화된 것이다.

'친일' 발판 삼아 거상이 된 조진태

혼다는 귀족에게는 공업과 상업을 추천하지 않는다고 강의했지만, 조진태는 이미 그 분야에 몸담고 있었다. 철종 때 경기도 양주에서 태어나 22세 때인 1875년에 무과에 급제하고 1892년에 종3품 사령관인 오위장五衛將에도 오른 조진태는 1894년 9월에는 동학농민군도 진압했다. 42세가 된 이듬해에 관직을 그만둔 그는 혼다가 추천하지 않는다는 분야에서 이력을 쌓기 시작했다.

조진태는 을사늑약 이후인 1906년에 경기도 풍덕군수가 되기도 했지만 41세 이후로는 기업 경영 분야에서 주로 활동했다.[10]

관직을 떠난 그해에 군부피복회사를 설립하고 1899년에 대한천일은행(훗날의 우리은행) 설립에 참여한 그는 한성공동창고회사 사장, 한성수형조합장, 한성농공은행 창립위원, 선린상업학교 평의원,

---

[10] 대통령 소속 친일반민족행위진상규명위원회의 『친일반민족행위진상규명보고서』 제4-17권 조진태 프로필 참조.

대한권농주식회사 상담역, 동양화재보험주식회사 발기인, 한성재목시탄주식회사 창립위원, 한성은행 감사역 등등을 거치며 재계에서 입지를 구축했다.

그의 입지 구축은 상당 부분 일본의 영향력에 힘입었다. 일제의 한국 침략에 편승한 것이 그의 경영 활동에 영향을 미쳤음을 부인하기 어렵다. 그의 친일 행각을 알려주는 『친일인명사전』 조진태 편을 보면 대한제국 멸망 2년 전인 1908년 상황을 설명하는 대목에 이렇게 나온다.

> "8월 동양척식주식회사 설립위원을 거쳐 12월부터 1925년 5월까지 동양척식주식회사 감사로 활동했다."

역시 그랬다. 조진태는 가장 대표적인 식민지 수탈 기구인 동양척식회사(동척)의 설립에 관여하고 무려 17년 동안이나 임원을 지냈던 것이다. 1930년대까지 이어지는 그의 경영 활동의 원동력이 어디에 있었는지가 여기서 드러난다.

조진태는 1914년·1916년·1918년·1920년에 관선 지방의원 겸 자문위원인 경성부 부협의회원이 되고, 1927년부터 1933년까지 7년 동안 중추원 참의로도 재직했다. 요즘으로 치면 서울시 의원 4선에 국회의원 재선을 한 셈이다. 중추원 참의를 할 때의 연봉은 1,500원이었다.

1922년 9월 26일에 경성일보사 직공이었던 강대희가 서울 장충

단공원 연못가에서 독약을 먹고 쓰러졌다. 월급을 좀 올려달라고 요청했다가 오히려 해고를 당했기 때문이다. 다행히, 쓰러진 강대희는 산책 중이던 시민의 신고로 응급 치료를 받고 회복됐다. 그때 직공 강대희의 월급은 17원이었다.[11] 조진태의 중추원 참의 연봉을 월급으로 환산하면 125원이다. 직공 월급의 일곱 배가 넘는 액수다.

조진태는 일제하에서 각종 기업의 사장이나 이사를 지냈다. 동양척식주식회사 창설 멤버이자 감사인 것이 그의 사회 활동을 뒷받침했으므로 각종 기업 활동에서 발생한 수익 역시 엄밀히 말하면 친일재산에 넣어야 한다. 그가 받은 '친일 월급'은 125원 이상이었던 것이다.

동척 감사 외에, 조진태의 경영 활동이 일제 침략에 편승했음을 보여주는 직책은 조선식산은행 설립위원, 조선총독부 산업조사위원, 대정친목회 부회장 등에 더해 '조선산림회 이사'다. 조선산림회를 통한 일제의 임업자원 수탈에도 관여했던 셈이다.

혼다는 친일 귀족들의 안정적인 재테크를 돕는다며 임업 투자를 권했지만, 이 권유에는 친일 세력을 산림 지주로 변모시켜 임업 자원에 대한 총독부의 영향력을 강화하려는 의도도 담겨 있었다. "일제는 대부 정책을 통해 산림 지주를 육성하고 대민 지배를

---

[11] 1922년 9월 28일자 「동아일보」 3면 좌중단 기사 참조.

경성의 동양척식주식회사. 조진태는 식민지 수탈 기구의 대명사 격인 동양척식주식회사의 설립위원이었고, 무려 17년이나 감사를 지냈다.

강화"했다. 그런 뒤 "자본가들은 전국을 대상으로 대규모 산림을 대부받아 지주로 성장했고, 산림 지주는 지역민들과 원활한 협력 관계를 구축한다는 명분 아래 지역민을 대상으로 보호조합을 조직하거나 산림 이용을 매개로 지역민을 통제하였다." [12]

조진태가 조선산림회에 간여한 것은 농지뿐 아니라 임야를 통해서도 한국 민중을 지배하는 일제의 착취 시스템에 그가 가담했음을 보여준다. 친일파인 그의 재산은 이 같은 착취에 편승한 결과물이었다.

―――――――

[12] 2016년에 「한국민족문화」 제58호에 실린 강정원·최원규 부산대 교수의 논문 '일제의 임야대부 정책과 그 성격 - 1910년, 1920년대 대부 실태와 경영을 중심으로' 참조.

일제는 조진태의 삶에 박수를 쳐줬다. 1912년에 한국병합기념 장을 수여하고, 1920년대에 서보장이라는 훈장을 세 번이나 달아 줬다.[13] 조진태가 세상을 떠난 것은 80세 때인 1933년 12월 17일 이었다.

---

[13] 1924년, 1928년, 1929년에 받았다.

완용과 윤용,
의붓 형제는 '친일'도 경쟁했다?

이완용에 이어 두 번째로 일제의 훈장을 많이 받은 이윤용

상처는 만질사록 상처는 아퍼

님에게 못다바친 목숨이 슬퍼

이 밤도 편지받은 저 땅의 동무여

씩씩한 그 맹세가 다시 부럽소 다시 부럽소

사나이 그 목숨이 등불이라면

님에게 바치자는 등불이련만

상처로 돌아온 몸 어이 할손가

나머지 팔다리에 불을 붙일까 불을 붙일까

못생겨 그런것도 아니언만은

병상에 누운대로 생각을 하면

불현듯 가고 싶은 저 땅의 전지戰地

훈장에 절을 하며 눈물 집니다 눈물 집니다

- '즐거운 상처', 조명암 작사, 박시춘 작곡

전쟁터에 나갔다가 상처를 입고 병상에 누운 사람이 있었다. 그는 상처를 만지면 만질수록 아팠다. 하지만 아픔보다 슬픔이 더욱 컸다. '님'을 위해 전사하지 못하고 살아서 돌아왔다는 자책감 때문이었다. 친일파 조명암이 작사하고 친일파 박시춘이 작곡하고 친일파 백년설이 부른 가요 '즐거운 상처'에 등장하는 한국인이 바로 그다.

'즐거운 상처'는 한국인 징병제(1943년 8월 1일)가 시행되기 전해인 1942년에 나왔다. 그러므로 노래 속의 남성은 징병이 아닌 지원병 형식으로 강제 동원된 한국인이다. 그는 히로히토 일왕을 위해 전장에서 죽지 못한 스스로를 한탄했다. 그러면서 "상처로 돌아온 몸 어이 할손가 / 나머지 팔다리에 불을 붙일까 불을 붙일까"라는 생각까지 했다. 그의 소원은 전쟁터로 돌아가는 것이었다. "불현듯 가고 싶은 저 땅의 전지戰地"라며 애달파했다.

그런 뒤 그는 특이한 행동을 했다. 일왕이 준 훈장에 절을 하는 것이었다. "훈장에 절을 하며 눈물 집니다 눈물 집니다."라는 구절과 함께 노래는 끝난다.

일제의 훈장, 식민지 한국인을 '가스라이팅'하다

일본이 전시 동원을 위해 퍼트린 '즐거운 상처' 같은 노래에서도 나타나듯이, 일제의 훈장은 억압과 착취하에 놓인 한국인들이 영예와 자부심을 느끼도록 하는 데 활용됐다. 이는 식민지 한국인들의 심리를 마비시키는 수단이었다. 동시에, 친일 세력을 구축하는 도구로도 이용됐다. 일반 한국인들에게는 마약 같은 환상을 심어주는 용도로, 친일파에게는 충성을 요구하고 보상을 약속하는 용도로 쓰였다.

제국주의 일본의 훈장은 대훈위 국화장, 훈1등 욱일동화 대수장, 금치훈장, 욱일장, 보관장, 서보장, 문화훈장으로 구분됐다. 최고 훈장인 대훈위 국화장은 둘로 구분됐다. 목에 걸어주는 훈장이라 하여 목덜미 '경'이 들어간 '대훈위 국화장 경식頸飾'이 있고, 끈이 달렸다 하여 끈 '수'가 들어간 '대훈위 국화장 대수장大綬章'이 있었다. 일본은 최고 중에서도 최고인 대훈위 국화장 경식은 한국인에게 수여하지 않았다. 한국인에게 준 것은 대훈위 국화장 대수장 이하다.

일본 훈장을 받았다고 무조건 친일파로 볼 수는 없다. 고종도 1897년에 외교 의례 차원에서 대훈위 국화장 대수장을 받았다. 친일반민족행위진상규명위원회와 민족문제연구소에 의해 친일파로 규정되지 않은 일부 황족을 제외하고, 친일파 가운데 가장 높은 훈장을 받은 이는 이완용이다. 사망 다음 날인 1926년 2월 12

일 대훈위 국화장 대수장이 추서됐다.

박힌 돌인 '서자' 이윤용, 굴러온 돌인 '양자' 이완용에 밀리다

친일파 중에서 이완용 다음의 공동 2위 그룹은 훈1등 욱일동
화 대수장을 받은 이들이다. 그중 하나는 이완용과 미묘한 관계
인 친일파 이윤용이다. 이름에서 알 수 있듯이 이완용의 형제다.
이완용보다 3년 빠른 1855년에 태어났지만 친형제는 아니다. 이
완용을 입양한 친척인 이호준의 친아들이다. 이호준이 친아들 이
윤용이 있는데도 열 살 된 이완용을 입양한 것은 가문의 대를 잇
기 위해서였다. 가문의 대를 잇는 일은 재산이 많은 가문에서 걱
정하는 일이었다. 노비와 토지를 관리하고 조상의 제사를 주재
할 후계자가 필요한 집안에서 그런 걱정을 했다. 그런 고민을 해
야 할 명문대가 이호준의 집에 입양된 것이 소년 이완용의 운명
을 바꿔놓았다. 사교육비가 없어 직접 아들을 가르쳐야 했던 친
부 이호석 밑에서 계속 성장했다면 이완용의 삶은 크게 달라졌을
수도 있다.

이윤용은 자신이 친아들인데도 아버지가 대를 잇기 위해 이완
용을 입양하는 것을 지켜봐야 했다. 이윤용은 서자였다. 그래서
세 살 어린 친척이 적장자로 입양되고 후계자 수업을 받는 과정을
지켜볼 수밖에 없었다. 이윤용은 나이는 위였지만 서자였으므로
이완용에게 밀렸다. 이로 인해 이완용과 미묘한 관계일 수밖에 없

었던 그는 이완용 못지않은 눈부신 친일 활약상을 남겼다. 그런 이윤용에게 일본은 훈1등 욱일동화 대수장과 각종 특권을 안겨주었다.

이윤용은 비록 후계자는 되지 못했지만, 가문의 후광은 꽤 많이 입었다. 사별하기는 했지만 홍선대원군의 서녀와도 결혼했다. 가문의 배경이 있지 않고는 힘든 일이었다. 13세 때인 1868년에는 왕족과 외척을 담당하는 돈령부의 종9품 참봉이 되고, 2년 뒤에는 군주의 친위군관인 별군직이 됐다. 고종의 경호 장교가 됐던 것이다.

30세에는 전라도병마절도사가 됐고 3년 뒤에는 도읍을 관리하는 한성부판윤(정2품)이 되고, 39세에는 형조판서(정2품)가 됐다. 과거에 급제하지도 않았는데 30대에 판서(오늘날 장관급)가 됐다. 친가와 옛 처가의 후광이 있었기에 가능한 일이다.

어쩌면 형제가 나란히 '오적'이 되었을 수도

적장자 이완용의 친일은 늑약 체결을 주도하는 방식으로 전개됐다. 외교권을 넘기는 1905년 을사늑약을 주도해 을사오적이 되고, 주요 내정권을 넘기는 1907년 정미조약(한일신협약)을 주도해 정미칠적이 되고, 나라를 통째로 넘기는 1910년 병합조약(한일합병조약)을 주도해 경술국적 반열에 올랐다. 이완용이 공금 유용 혐의와 부친상(이호준)으로 관직을 떠났다가 돌아온 것은 을사늑약 1

이윤용.

년 전인 1904년 11월, 학부대신이 되어 조약에 서명할 권한을 갖게 된 것은 늑약 두 달 전인 1905년 9월이다. 이완용이 을사늑약을 계기로 친일파로 부각될 수 있었던 것은 때마침 그가 내각에서 한 자리 차지하고 있었기 때문이다.

이윤용은 1904년 9월에 군부대신이 됐다. 이 직을 떠난 것은 1905년 3월이다. 그해 11월에 군부대신 이근택은 늑약에 찬성해 을사오적이 됐다. 이윤용이 군부대신 자리에 조금 더 오래 있었다면 그 역시 이완용과 함께, 형제가 나란히 오적이 됐을 가능성이 없지 않다. 내각을 떠나는 바람에 오적이 될 가능성에서 멀어진 이윤용은 이완용과는 다른 방식으로 친일을 했다. 이완용이 결정적인 늑약 체결을 주도하는 방식으로 했다면, 이윤용은 일제 침략을 위한 분위기를 조성하는 방식으로 친일을 했다.

이윤용은 1908년에는 한국 식민지화를 촉진하기 위한 일본 동양협회에 무려 20만 원, 지금으로 치면 몇 십 억에 이르는 거금을 기부했다. 보부상들이 정부 지원금을 받고 의병 진압에 나서게끔 뒤에서 손을 쓴 것이다.

> "1909년 7월에는 의병 진압을 위해 보부상과 교섭한 후 이를 내각회의에 안건으로 제출해 보부상에 경비 20만 원을 지출하도록 했다." [14]

해방 이후의 극우세력은 '한국의 국시는 반공'이라는 이념을 유포했다. 이윤용은 '한국의 국시는 한일 교제에 기반한 이해공통주의'라는 이념, 즉 '한일합방'을 유포하는 국시유세단을 이끌었다. [15] 국권침탈 5개월 전에 '한국의 국시는 합방'이라는 논리를 퍼트리는 단체의 리더가 됐던 것이다. 한국인들이 병합을 받아들이도록 심리적 환경을 조성하려 시도했던 것이다.

그의 친일은 일제 강점 이후에도 계속됐다. 불교 친일화를 위한 불교옹호회의 고문이 되고, 이토 히로부미 10주기 행사 발기인

---

[14] 『친일인명사전』 제3권 이윤용 편 참조.

[15] 『친일반민족행위진상규명보고서』 제4-13권 이윤용 편에 따르면, 1910년 3월 23일자 「황성신문」에 "국시유세단에서 일작(日昨) 총회를 개(開)하고 제반 사무를 처리한 후에 궁중고문 이윤용 씨로 단장을 추선(推選)하였다더라."라는 기사가 실렸다.

이 됐다. 이토 히로부미 10주기는 1919년이었다. 3·1운동이 일어난 살벌한 해에 이런 행사에 관여했던 것이다. 그가 한국인들을 더 두려워했는지 일제를 더 두려워했는지를 잘 알려주는 사례다.

'남작' vs '백작', 작위는 뒤져도 친일만은 뒤지지 않았다

일본은 이윤용을 크게 칭찬했다. 1910년에는 남작 작위를 주었고 1911년에는 2만 5,000원짜리 은사공채도 주었다. '5년 거치 50년 상환' 조건으로 2만 5,000원권 증서를 지급하고 연 5% 이자를 지급받을 권리를 부여했다. 오늘날 한화 5억~25억 원에 해당하는 일본 국채가 떨어진 것이다.

일본은 이완용에게는 이윤용보다 두 단계 높은 백작 작위와 6배 많은 15만 원권 은사공채를 수여했다. 아버지 이호준이 그랬듯이, 일본 정부 역시 이완용의 쓰임새를 더 높이 평가했던 것이다. 그렇지만 이윤용 역시 일본의 보답을 크게 받았다. 조선총독부 자문기관인 중추원의 고문으로 10여 년간 활동하면서 연봉 3,000원을 받았다. 중추원 고문으로 일한 것만으로도 3만 원 이상, 오늘날로 치면 몇 십 억을 벌어들인 것이다. 친일파라는 지위를 발판으로 각종 수익사업도 벌였다. 1909년에 우선협동회사와 대한상업주식회사를 세우고 일제강점기 내내 각종 회사에 간여했다. 친일파 지위를 이용해 벌어들인 간접적인 친일재산도 상당했다고 볼 수 있다.

이윤용은 세 살 적은 이완용보다 12년을 더 살다가 중일전쟁 중인 1938년 9월 8일에 83세로 사망했다. 조선총독부는 그의 죽음을 애석해했다. 오노 로쿠이치로 정무총감은 그달 10일자 「매일신보」에 "이같이 급작히 서거한 것은 조선 통치상 실로 애석하기 짝이 없는 일"이라고 애도했다. 이완용을 따라가지는 못했지만, 훈1등 욱일동화 대수장을 받은 열혈 친일파였다. 전쟁 수행을 위해 친일파가 더욱 절실히 필요해진 시점에 그런 열성파가 사라졌으니, 총독부 입장에서는 '실로 애석하기 짝이 없다'고 한탄할 만했다.

신선한 생선은 황후에게,
죽은 황후의 유품은 황제에게

아부와 처세술로 일관한 을사오적 이근택의 일생

을사오적은 당대에도 당연히 엄청난 비난과 미움을 받았다. 물리적 공격도 받았지만, 욕도 많이 먹었다. 그중에서 인상적으로 욕을 먹은 것이 군부대신 이근택(1865~1919)이다.

1905년 11월 17일 대한제국 외교권을 넘긴 을사늑약으로 인해 당시 40세인 이근택은 이완용·권중현·박제순·이지용과 함께 거국적 지탄의 대상이 됐다. 이때 그가 땀을 뻘뻘 흘리며 집으로 돌아가 가족들에게 한 말이 있다. "나는 다행히도 죽음을 면했다."라는 말이다.

『매천야록』에 따르면, 이근택의 그 한마디가 부엌에 있던 여종의 귀에 들렸다. 이근택의 며느리 한씨가 결혼할 때 데리고 온 몸종이었다. 며느리 한씨는 이토 히로부미에 맞서 을사늑약 체결을 저지한 일로 인해 징계를 받고 연금됐다가 늑약 직후 풀려난 한규설의 딸이다. 한규설은 1910년 국권침탈 뒤에 일본이 준 남작 작위도 거부했다. 바로 그 한규설의 집에서 노비로 살다가 이근택 집에서 일하게 된 여종이 이근택의 말을 부엌에서 들었던 것이다.

여종은 부엌에 있던 난도鸞刀를 들고 밖으로 나왔다. 짐승 잡을 때 쓰는 제례용 칼을 손에 쥔 그는 주인집 가족들 앞으로 다가가 소리쳤다.

> "이근택! 너는 대신이 되어 나라의 은혜를 입은 게 얼마나 많으냐. 그런데도 나라가 위태한데 죽지 못하고, 한다는 말이 '나는 다행히 면했다'이냐? 너 정말 개·돼지만도 못하구나. 내 비록 천한 사람이나, 어찌 개·돼지의 노비가 될 수 있겠느냐? 내 칼이 약해서 너를 만 동강이로 벨 수 없는 것이 한스럽다. 차라리 옛 주인한테 돌아가겠다!"

『매천야록』은 이 여종이 한규설 집으로 돌아갔다고 말한다. 그러면서, 노비의 이름은 알 수 없다고 덧붙인다. 이근택 집 사람들은 그를 제압하지 못하고 집을 나가는 것도 지켜만 봤다. 칼을 손에 쥔 그의 기세에 눌렸으리라고 볼 수 있다.

"오적의 괴수가 부귀영화가 이 정도뿐이냐?"

노비제도는 동학혁명과 청일전쟁으로 조선 체제가 동요한 1894년에 폐지됐다. 1592년 임진왜란 발발 이후 증가한 노비들의 저항으로 인해 조선시대판 노사분규에 지친 노비주들은 종신 세습제인 노비제보다 단기 계약제인 머슴제를 점점 더 선호하게 됐다. 그래서 18세기가 되면 머슴이 노비의 대체 노동력으로 부각될 정도로 많아졌다. 그래서 굳이 노비를 쓰지 않아도 논밭을 가동할 수 있게 됐다. 머슴 숫자가 많아지면서 발생한 이런 현상이 1801년 공노비 해방, 1894년 노비제 폐지의 밑바탕이 됐다. 노비제도의 반인간성에 대한 비판과 저항도 원인이 됐지만, 머슴제도라는 대체물이 있어 대지주들이 노비제 폐지를 수용한 측면도 컸다.

이근택 집의 여종이 난도를 휘두른 시점은 노비제가 폐지된 지 10년이 지난 뒤였다. 그래서 이 여성은 법적으로는 노비도 아니고 천하지도 않았다. 하지만 그는 주인과 떨어져 사는 외거노비가 아닌, 주인집에 사는 솔거노비 출신이었다. 이런 사람들은 노비제 폐지 이후에도 기존의 속박에서 쉽게 벗어나기 힘들었다. 주인집에 대한 고도의 경제적 의존 때문에 기존의 상하관계에 여전히 얽매일 수밖에 없었다.

그런 상하관계의 내용 속에는 '주인에게 욕하는 노비는 교수형에 처한다'는 『대명률직해』 규정도 있었다. 『경국대전』 형전과 더불어 형법 기능을 한 『대명률직해』에 이렇게 규정됐기 때문에, 주인에게 대놓고 욕하는 노비는 잘못하면 죽을 수도 있었다. 그런 노비는 주인이 사사로이 처형한 뒤 사후에 신고해도 괜찮았다. 법은 노비주의 편이었다. 1905년 시점에는 그런 법규가 작동하지 않았지만, 솔거노비 출신 상당수는 여전히 전통적 속박에 억눌려 있었기 때문에 주인에게 함부로 대하기 힘들었다. 이런 분위기를 감안하면, 그 여성이 이근택의 말을 듣고 얼마나 분노했는지 짐작할 수 있다.

이근택은 또 다른 사람으로부터도 인상적인 봉변을 당했다. 『매천야록』에 소개된 낯선 취객이 바로 그다. 이 취객은 양복 차림으로 일본군의 호위를 받으며 행차하던 이근택을 발견했다. 그는 "나는 왜놈인가 생각했더니 이근택이구나."라며 "오적의 괴수가 부귀영화가 이 정도뿐이냐?"라고 조롱의 말을 던졌다. 화가 난 이근택은 취객을 포박해 관아로 보냈고, 극심한 고문을 받은 취객은 "역적의 손에 죽느니 차라리 자결하겠다."며 스스로 목을 맸다. 마지막 순간까지도 매국노 이근택 따위에게 지지 않으려 했던 것이다. 을사오적들이 얼마나 격렬한 대중적 증오를 받았는지를 보여주는 장면이다.

신선한 생선과 죽은 황후의 유품, 그 강력한 아부의 힘

이근택은 1865년 8월 11일 충주의 무인 가문에서 출생했다. 그가 왕실과 인연을 맺게 된 계기가 있다. 17세 때인 1882년에 임오군란을 피해 명성황후(중전 민씨)가 충주로 피신한 일이 그 계기다. 구식 군인들이 섞인 한양 시민군의 봉기로 약 1개월간 고종의 왕권이 정지되고 중전 민씨가 충주에 은신한 일이 이근택의 역사 무대 등장을 가능케 했다.

이근택은 매일 신선한 생선을 민씨에게 갖다 바쳤다. 그 공으로 그는 중전 민씨가 환궁한 뒤 1883년에 남행선전관으로 임명되었다.[16] 바다가 가깝지 않은 지금의 충북 땅에서 명성황후에게 매일같이 신선한 생선을 구해다 바치며 아부를 하는 놀라운 처세술을 보였던 것이다.

명성황후의 신임을 배경으로 무관의 길을 걷던 이근택은 대한제국이 선포(1897.10.12)된 뒤에는 고종의 주목을 끄는 일도 하게 됐다. 을미사변(1895.10.8)으로 시해된 명성황후의 유품을 일본 상점에서 우연히 발견한 그는 거액을 주고 구입해 고종에게 갖다 바쳤다. 이를 계기로 황제의 신임을 얻은 그는 경찰과 군사 부문의 핵심 실세로 부각됐다. 그렇게 해서 비중이 높아진 그를 일본이 집중 공략해 친일파로 만들고 을사늑약에 찬성하게 만들었던 것이다.

"이근택은 1905년 11월 17일 이토 히로부미가 대한제국 대신들

---

[16] 2005년 3월 「내일을 여는 역사」에 실린 오연숙 서울대 연구원의 기고문 '이근택, 기회주의적 처세술의 화신' 참조.

이근택.

을 상대로 제2차 한일협약(을사늑약) 체결의 찬부를 묻는 자리
에서 조약 체결에 찬성함으로써 을사오적 가운데 한 명이 되었
다." [17]

을사늑약에 찬성한 이근택은 욕을 먹었을 뿐 아니라 암살 위
협에도 노출됐다. 실제로 1906년 2월에 기산도, 이근철 등이 이근
택을 공격했지만 안타깝게도 중상만 입혔을 뿐 죽이지는 못했다.
을사오적 척살 계획의 척살 대상자로도 지목되었으나 이 계획 역
시 실행되지 못했다.

그러나 생명의 위협 따위 아랑곳하지 않고 이근택의 친일은 계

---

[17] 『친일반민족행위진상규명보고서』 제4-12권 참조.

속됐다. 1908년 11월에는 대한산림협회 명예회원이 되었다. 대한산림협회는 일제가 전국의 산림 측량 등을 목적으로 설치한 단체로, 일본인 측량기사를 초빙해 산림 측량 등을 비롯한 산림사업을 주관했다. 한국의 산림자원을 일본이 장악하는 과정에도 이근택이 있었던 것이다.

대한제국 군부대신 겸 일본의 스파이였던 남자

일본은 이처럼 최선을 다해 친일을 하는 이근택에게 재정적 보답을 후하게 해주었다. 그의 나이 45세 때 대한제국이 없어진 뒤에는 일본제국이 그의 인생을 책임졌다. 이근택은 합병 직후인 1910년 10월에 중추원 고문에 임명되어 1919년 12월 사망할 때까지 10여 년 동안 매년 1,600원의 수당을 받았다. 1934년 10월 11일 서울의 편창제사방직주식회사 노동자 300여 명이 동맹파업을 일으킨 것은 하루 14시간 노동에 대한 대가로 식사 제공에 3원 내지 7원의 월급밖에 받지 못했기 때문이다. 이근택이 죽은 지 20년이 다 되어가는 시기에도 노동자 월급은 그 정도였다. 1919년까지 이근택이 받은 월급 133원의 가치가 어느 정도였는지 짐작할 수 있다.

일본은 대한제국 멸망을 위해 애쓴 공로로 자작 작위도 내려주었다. 은사공채 5만 원도 주었다. 일본은 을사늑약 직전에도 거액을 은밀히 지급했다. 늑약 2개월쯤 전에 이근택은 30만 원이라는 거액의 기밀비를 일제로부터 받았다. 그리고 그 대가로 그는 궁궐의 모든 기밀 사항을 일제에 알려주었다. 군부대신이라는 사람이 조정의 정보를 캐내 일본에 전달하는 스파이 활동까지 겸했던 것이다. 이근택이 받은 기밀비 30만 원은 1905년 당시로 치면 논설위원 1만 명의 한 달치 월급이었다.

이근택의 노비는 "이근택! 너 정말 개·돼지만도 못하구나."라고 욕을 퍼부었다. 하지만 일본은 이근택의 삶이 훌륭했다는 평가를 내렸다. 이근택은 3·1운동이 일어난 1919년 12월 17일에 사망했다. 일본은 그의 생전의 공로를 인정해 2,500원을 주었다. 친일의 대가로 죽어서까지 한몫 챙긴 것이다. 이근택의 작위는 장남 이창훈이 이어받았다.

'을사오적'의 부인은
왜 혀가 깨물렀나

고종 황제의 5촌 조카인 황족 이지용의 도박 중독과 파탄 난 개인사

친일에 빠졌다가 가정사가 엉망이 된 친일파가 있다. 이완용·박제순·이근택·권중현과 함께 을사오적이 된 이지용이 바로 그다. 이지용은 친일 행위로 일본의 환심을 사는 데는 성공했지만, 이 때문에 부인 옥경이 세상 입방아에 오르내리는 상황도 감당해야 했다.

그의 부인은 원래는 홍氏였지만 나중에 이옥경이란 이름을 갖게 되고 이홍경으로도 불렸다. 그녀는 남편과 함께 '한·일 우호협력'에 가담했다. 구한말 역사가인 황현은 『매천야록』에서 이옥경이 양국 고관 부인들을 대거 모집해 부인회를 조직했다고 말한다. 조선 왕조 시대로 말하자면 '외명부'를 결성한 셈이다.

하세가와 요시미치.

일본공사관원인 하기와라 슈이치萩原守一나 고쿠부 쇼타로國分象
太郎 등의 배우자들이 이 '외명부'에 이름을 올렸다. 을사늑약 이듬
해인 1906년의 일이니, 부인회를 조직한 행위 자체도 친일적 성격
이 짙다.

그런데 이옥경은 일본 관리의 부인들뿐만 아니라 일본 남성들
과도 가까워졌다. 『매천야록』을 조금 더 읽어보자.

> "지용의 처인 홍씨와 (민)영철의 처인 류씨는 매우 총명하고 고
> 왔으며 장곡천長谷川과 손을 잡고 입술을 맞추며 아무 때나 출
> 입하니 추한 소리가 나라 안에 떠들썩했다."

장곡천, 즉 하세가와 요시미치長谷川好道는 을사늑약 당시 한국

'을사오적' 이지용의 부인 이홍경의 '환승연애' 상대
가운데 하나였던 조선총독부 관료 고쿠부 쇼타로.

주차駐箚군 사령관으로 병력을 동원해 공포 분위기를 조성했고,
제2대 조선총독 재임 시절 무단통치를 펼치다가 3·1운동을 자초
한 장본인이다. 그런 인물과도 스킨십을 하며 가까워졌던 것이다.

　이옥경이 침략자 일본인들과 교제한다는 소문은 '혀를 깨무는
노래'라는 뜻인 「작설가嚼舌歌」라는 유행가가 만들어지는 원인이
됐다. '혀를 깨무는 노래'가 퍼진 것은 그와 하세가와의 관계 때문
이었다. 『매천야록』제5권을 보자.

　　"홍경은 처음에는 추원수일萩原守一과 사귀다가 국분상태랑國分
　　象太郎과도 사귀더니 나중에는 장곡천호도長谷川好道와 사귀었다.
　　…… 수일守一은 분하고 질투가 났지만 드러내지 못했다."

이홍경은 하기와라와 사귀다가 고쿠부로 갈아탔다가 다시 하세가와로 갈아타는, 요즘 말로 하면 '환승연애'를 했다는 것이다. 그러다가 하기와라가 일본으로 돌아가는 날, 복수극이 벌어졌다. 하기와라가 귀국하려 하니 이홍경이 그를 전송하면서 입을 맞추었고, 그러자 하기와라가 그녀의 혀를 깨물어 상처를 입혔던 것이다. 이 일이 소문 나서 한양에 「작설가」가 퍼졌다. 을사오적 이지용의 친일이 부인의 친일로 이어지고, 이것이 다시 대중음악에도 파급 효과를 미쳤던 것이다.

이완용보다 앞서 있었다

이지용은 사도세자의 5대손이자 고종 황제의 5촌 조카다. 1870년생인 이지용은 17세인 1887년에 문과에 급제하고 28세인 1898년에 황해도관찰사가 됐다. 나랏일이 곧 집안일이었으므로 왕조시대 사람들에게는 그의 초고속 승진이 그리 놀랄 만한 일이 아니었다. 그의 관직 생활은 일본과도 인연이 깊었다. 문과 급제 2년 뒤 일본 시찰을 다녀왔고, 1901년과 1903년에는 주일전권공사로 임명됐다. 일본과 가까워질 기회가 많이 있었던 것이다.

이지용은 이완용 못지않은, 한술 더 뜨는 친일파였다. 일본의 한국 침략을 수월케 하는 역할을 했다는 면에서는 이완용보다 한 걸음 빨랐다. 이완용은 1904년에 발발한 러일전쟁이 일본의 승리로 끝나고 일본이 여세를 몰아 대한제국 외교권을 박탈하는

이지용.

시점에 친일파로 변신했다. 그전까지 이완용은 친미파·친러파였다. 그러다가 을사늑약이 강요되는 1905년 11월에 친일파로 명확히 변신했다. 이지용은 이완용보다 한 걸음 앞서 있었다. 을사늑약의 전초전인 1904년 한일의정서 강요 때도 이미 친일파로 활약했던 것이다.

을사늑약은 일제의 한국 침략을 가속화시켰다. 이로 인해 외교권이 넘어가면서 망국의 속도가 빨라졌다. 그런데 친일파들이 어느 날 갑자기 외교권을 넘겨준 게 아니었다. 외교권을 넘겨주자는 주장을 해도 신변의 안전을 보장받을 만한 상황이 조성돼 있었기에 그렇게 할 수 있었다.

외교권을 넘기자는 주장이 제기되기 전에 먼저 나온 것이 있다. 유사시에 일본군의 한국 주둔을 허용하자는 주장이었다. 이를 관철시킨 것이 한일의정서다. 1904년 2월 23일 체결된 한일의정서 제4조는 대한제국이 안보 위기에 직면할 경우에 일본군이

"군략상 필요한 지점을 정황에 따라 차지·이용할 수 있다."고 규정했다. 일본군의 합법적인 한국 주둔이 가능해진 것이다. 이렇게 일본군의 한국 주둔이 가능해진 뒤에 친일파들이 외교권을 넘기자는 주장을 했던 것이다. 일본군의 한국 주둔을 가능케 해서 을사늑약의 발판을 만든 장본인이 당시의 외부대신(오늘날 외무부 장관) 이지용이다. 한일의정서에는 하야시 곤스케 특명전권공사의 이름과 나란히 외부대신서리 이지용의 이름이 적혀 있다.

일본의 첩자가 된 외부대신, 1만 원의 활동비도 받다

이지용의 친일은 어쩔 수 없는 부득이한 일이 아니었다. 외교책임자라는 자리 때문에 강요와 협박을 받아 한일의정서에 억지로 서명한 게 아니었다. 그의 친일은 금전 욕심과도 관련이 있었다. 그런 면에서 상당 부분은 자발적인 것이었다.

이 점은 하야시의 보고서에도 드러난다. 문건의 제목은 '일한日韓 밀약의 예상 및 한국 조정의 회유 대체로 성공할 상황 등 보고의 건'이다. 1904년 1월 11일 작성된 이 문건은 외부대신 이지용이 '상황이 유리하게 바뀌고 있다'고 일본 측에 제보한 사실과 더불어 이지용에게 활동비 1만 원이 지급된다는 사실이 기록돼 있다. 『조선상고사』 저자이자 역사학자인 단재 신채호가 1905년 「황성신문」에 입사할 당시의 논설위원 월급이 30원에서 40원 정도였다. 40원으로 계산하면, 이지용이 받은 1만 원은 논설위원 250명의 월급에 해당했다. 단순한 친일 행위에 그치지 않고 매국 행위로까지 나아갔던 것이다.

이지용은 한일의정서를 통해 일본군의 한국 주둔을 가능케 했다. 사안의 비중을 놓고 보면 외교권을 넘긴 이완용에게 결코 뒤지지 않았다. 일본 입장에서는 그 정도의 물질적 보상은 하나도 아깝지 않았을 것이다.

이지용은 국권 침탈 뒤에 백작 작위와 함께 10만 원을 받았다. 그리고 1910~1912년 및 1925~1928년에 중추원 고문을 하면서 연봉 1,600원에서 3,000원을 받았다. 대한제국 황실의 일원이 자기 집안을 팔아 그만한 돈을 벌어들였던 것이다. 그런데 중추원 고문의 이력에 13년의 공백이 있다. 가만히 앉아만 있어도 수천 원의 연봉이 따박따박 들어오는 자리를 스스로 박차고 나갔을 리는 없다. 무슨 일이 있었던 것일까?

나라 팔아 10만 원 받고, 하룻밤 도박판에 11만 원 던지고

이지용의 파렴치한 매국 행위에 대중은 분노했다. 그의 집에 불을 지르고 암살 위협을 가했다. 이지용의 신변을 보호하기 위해 일본이 일본 순사 10여 명을 상시로 붙여주었을 정도였다. 이 정도면 목숨 걸고 친일해서 돈을 벌었다고 할 수 있다.

그처럼 '힘들게' 번 돈을 그는 의외로 가볍게 탕진했다. 조선귀족이란 작위를 받은 친일파들의 상당수가 그러했듯이 그는 재산

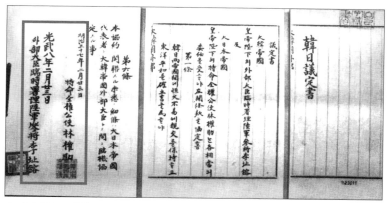

유사시 일본군의 한국 주둔을 허용한 한일의정서. 하야시 곤스케의 이름과 나란히 '광무 8년(1904년) 2월 23일 외부대신서리 이지용'이라고 대문짝만하게 적혀 있다.

을 잘 지켜내지 못했다. 이는 중추원 고문 재임이 1912년에 끝났다가 1925년에 재개된 것과도 관련이 있다. 그 13년간의 공백을 설명해주는 단서가 있다.

그는 친일 중독자인 동시에 도박 중독자였다. 이 점은 친일 귀족 상당수에게 나타나는 공통점이다. 도박으로 인해 몰락 직전에 내몰린 친일파들을 위해 일제는 1929년에 창복회昌福會라는 구제 단체까지 만들었다.

> "한일합병 이후에는 날마다 도박으로 소일하며 밤을 지샜다. …… 이지용이 소유하고 있던 한강변 언덕 위의 우람하게 솟은 양옥집은 도박으로 날려 이미 남의 손에 넘어갔고, 중부 사동寺洞의 자택은 완전히 도박장이 되었다. 도박장에 던져지는

돈은 매일 5, 6만 원 이하로 내려가지 않았는데, 이지용은 11만 원을 한꺼번에 던지기도 하였다." [18]

이지용은 나라를 판 대가로 일본 백작이 되면서 10만 원을 받았다. 그런 사람이 하룻밤 도박에 11만 원을 쓰기도 했다. 나라 판 돈을 하룻밤에 탕진하기도 했던 셈이다. 1912년 12월에는 도박죄로 검거되어 2월에 태형 100대를 선고받았고 3월에는 중추원 고문에서 해임되었다. 이로써 13년의 공백기가 설명된다. 도박죄로 커다란 물의를 일으키는 바람에 13년간 중추원 연봉을 받지 못했던 것이다.

남편은 태형 100대를 맞고, 부인은 혀를 깨물리고

태형을 100대 맞으면 웬만한 사람들은 목숨을 잃었다. 하지만 이지용은 태형을 받고도 왕성하게 활동을 이어갔다. 태형이 제대로 집행되지 않았던 것이다. 부인은 일제 침략자들과 사귀다가 혀가 깨물리고 남편은 일제 관헌들에게 형식적으로나마 곤장 100대를 맞았으니, 친일의 결과로 이 부부가 얻은 것도 적지 않지만 신체적 손실 역시 많았다고 할 수 있다.

---

[18] 『친일파 99인』 제1권 이지용 편을 쓴 서영희 당시 서울대 강사의 논문 '이지용 : 나라를 판 돈으로 도박에 미친 백작' 참조.

이지용의 백작 작위는 1928년 그의 사망 뒤 손자에게 계승됐다. 도박으로 많이 잃기도 했지만, 대한제국 황족이었던 데다가 일본제국 귀족이었기 때문에 죽기 전까지의 재산 축적도 상당했을 것이다. 그런 재산도 상속됐다고 볼 수밖에 없다. 하지만 친일 반민족행위자재산조사위원회가 귀속 대상으로 선정한 이지용 재산은 충남 공주시 사곡면 대중리 부동산 1필지에 불과하다. 이 부동산의 2010년 당시 시가는 34만 5,000원이었다.

도박으로 알거지가 된
친일 귀족의 초상

줄소송, 작위 박탈, 파산으로 이어지는 조민희의 몰락사

1910년 가을부터 일본의 대한제국 강점을 도운 고위층 친일파들은 이른바 '대박'을 터트렸다. 국권이 넘어간 해인 그해 10월, 이들은 왕족급인 공족公族이나 조선귀족에 편입돼 일본 작위를 받았다. 한국 강점 당시 일본은 2명의 공족과 76명의 조선귀족을 선정했다. 이들은 일종의 선전용으로 활용됐다. 일본의 한국 지배로 인한 혜택이 한국인들에게 돌아간다는 인상을 조성하는 데 이용됐다.

하지만 이들의 부귀영화는 오래가지 않았다. 강점 당시만 해도 조선총독부가 후원하는 조선귀족 일본관광단에 합류해 무료 여행을 즐기며 세상의 이목을 끌었던 이들은 3·1운동 뒤인 1920년

대에는 전혀 다른 시선을 받게 됐다. 한마디로, 알거지들이 이들 중에서 속출했다. 1928년 3월 3일자 「조선일보」 기사 '몰락의 심연을 질주하는 조선귀족'에 이런 대목이 있다.

> "요사이 조선귀족들의 재산이야말로 봄눈 녹듯이 하나식 둘식 소리 업시 사라저버리는 모양인데, 요지음 자작 됴민희 씨도 파산선고로 인하야 이월 이십 구일부터 그 례우까지 뎡지되었는데"

'재산이 봄눈 녹듯이 소리없이 사라져' 마침내 파산선고를 받고 귀족 예우까지 정지된 '자작 됴민희'는 이완용의 손위 처남 조민희다. 그가 파산선고를 받은 직접적인 원인은 도박 자금을 얻으려다 사기·횡령 혐의로 고소를 당한 것이었다.[19]

친일파 지위 이용해 상당한 재산 축적

인생 막판에 가서는 도박·사기·횡령·파산 등에 얽혔지만, 청

[19] 1925년 4월 6일자 「동아일보」 '횡설수설'은 "이완용의 처남, 자작 조민희는 도박자금을 어드랴다가 사기·횡령의 혐의로 고소를 당하엿다든가"라고 보도했다. 1925년 「동아일보」 기사에는 '조민희'로 표기되고 1928년 「조선일보」 기사에는 '됴민희'로 표기된 것은 「조선일보」 기사에 그의 이름이 한글로 적혔기 때문이다.

조민희.

년 시절의 조민희는 상당히 전도유망했다. 이완용보다 1년 뒤인 1859년 한성부에서 출생한 그는 26세 때인 1885년 과거시험 대과에 급제하고, 승정원 부정자 등을 거쳐 20대 후반에 고을 원님이 됐다. 28세 때 양성(지금의 경기도 안성시 일원) 현감이 되고 뒤이어 용인현령이 됐다. 31세 때인 1890년에는 성균관 대사성이 됐다.

그 뒤 차관급인 법부협판과 군부협판을 지내고 주미공사 · 주일공사를 역임한 다음, 1907년에는 황제 비서실의 수석비서관급인 비서감승이 됐다. 그해부터 친일단체인 신사회나 동아개진교육회의 간부 쪽으로 일찌감치 방향을 튼 그는 1910년 대한제국 멸망 직후에 자작이 되어 은사공채 5만 원을 받았다.

그 후에는 사업 경영 쪽으로도 비중을 뒀다. 권업주식회사와 조선무역주식회사를 세우거나 관여했다. 3 · 1운동이 일어난 1919년에는 중추원 고문이 되어 연봉 1,600원을 받고 1921년에는 중추원 참의(지금의 국회의원급)가 되어 연봉 3,000원을 받았다.

독립운동가 조봉암이 18세 때인 1915년에 군청 임시직인 고원雇員이 되어 월급 7원, 연봉으로 환산하면 84원을 받았다. 조민희가 받은 은사공채나 중추원 연봉이 얼마나 거액인지를 알 수 있다. 친일파 지위를 이용해 사업에도 관여했으니 그가 축적한 친일재산은 상당했다.

그런데도 몰락했다. 그의 동생인 이완용의 부인이 매월 50원을 보조해줬지만 그의 몰락을 막는 데는 역부족이었다. 69세 때인 1928년에 파산산고를 받고 조선귀족 예우를 정지당했다. 이 지경까지 내몰린 것은 조민희 자신이 도박에 빠졌기 때문이기도 하지만, 결코 그 개인만의 문제는 아니었다.

조민희의 파산 소식을 보도한 위의 1928년 「조선일보」 기사는 "요사이 조선귀족들의 재산이야말로 봄눈 녹듯이 하나식 둘식 소리 업시 사라저버리는 모양"이라고 전했다. 1927년 2월 28일자 「조선일보」 사설 '조선귀족론'은 친일 귀족들의 몰락이 1920년대의 일반적 현상이었음을 보여준다. 사설에 따르면, 그 무렵에 후작·자작 등 4명의 귀족이 파산했는데, 그들의 몰락은 크게 보아 조선귀족 전체의 숙명이었다고 냉정하게 평가한다. 기사를 읽어보자.

"근일의 각 신문지는 조선귀족이 영락의 심연으로 질주하고 잇는 것을 보도하엿스니, 후작·자작 등 4귀족이 파산선고를 당하게 되엇다는 것이다. 이와 가티 하야 조선귀족이 몰락하야

1931년 새해를 맞아 배하식(拜賀式)에 참석한 사이토 마코토 조선총독과 조선귀족들.

가는 상태를 우리 안전眼前에 볼 때에 우리는 인간적으로 그들의 처지에 연민의 정을 표할 수도 업지 안켓지마는 그들의 몰락을 대관大觀할 때에 그들은 귀족 전체로서의 필연한 운명을 당하는 것으로 볼 수 잇는 것이다.”

조선귀족들은 식민지 한국의 정치적 역학관계에 힘입어 재산을 유지했다. 개인적으로 사업을 하건 하지 않건, 이들의 곳간은 정치와 맞닿아 있었다. 보호막 역할을 해줄 정치 시스템이 굳건해야 이들의 창고도 든든할 수 있었다. 한마디로, 이들의 재산은 정치적 자본과 정비례 관계였다.

친일 귀족의 운명을 상징적으로 대표

1910년에 조선귀족들이 터뜨린 '대박'은 10년도 채 가지 못했다. 1919년의 3·1운동이 조선귀족을 에워싼 정치환경을 뒤흔들어버렸기 때문이다. 3·1운동은 조선귀족들이 더 이상 전폭적인 정치적 비호를 받기 힘든 상황을 조성했다.

전국적으로 남녀노소를 가리지 않고 민중들이 대거 궐기한 3·1운동은 조선귀족들의 사회적 입지를 크게 축소시켰다. 거기다가 이들을 대체할 세력이 출현해 총독부의 주목을 집중시키는 현상도 그 이후에 나타났다.

3·1운동에 충격을 받은 일제는 무단통치를 문화정치로 전환했다. 이것이 조선귀족들에게 미친 파급력을 설명하는 『친일반민족행위진상규명보고서』의 한 대목을 보자.

"문화정치로 전환한 일제의 식민정책과 맞물려 다양한 계층의 지식인들이 성장하였다. 비록 제한된 범위이지만 언론·출판·집회·결사·표현의 자유가 가능하였고 이에 따라 다양한 언론매체들이 탄생하였고, 이를 통해 문화·예능·언론·교육·경제 등의 각 방면에서 전문가 집단이 등장하였다. 이러한 사회적 환경의 변화는 정체되어 있고 몰락해가는 조선귀족보다 일제 당국이 선택할 수 있는 협력자의 선택지가 넓어졌다

는 것을 의미한다." [20]

줍게 보면 조선귀족들의 사업 실패나 도박 중독이 이들의 파산을 초래한 직접적 계기이지만, 크게 보면 조선 민중들이 조선귀족들을 더욱 적대하게 되고 총독부가 조선귀족보다 전문가 집단을 더 선호하게 된 것이 거시적인 원인이었다고 볼 수 있다.

총독부는 창복회라는 구제단체를 만들어 조선귀족들을 도와줬지만, 1911년처럼 파격적인 지원은 해주지 않았다. 조선귀족들의 쓰임새가 끝났기 때문이다. 민중의 증오를 한 몸에 받는 조선귀족보다는 새롭게 등장한 한국인 전문가 집단을 이용하는 편이 일제 당국에는 더 유리했다.

3·1운동을 계기로 조선귀족들의 정치적 자본은 취약해졌다. 이렇게 정치적 효용성이 떨어진 상태에서 이들의 사업 실패나 도박이 많아졌고 그것이 더욱 도드라지게 대중들에게 노출됐다. 이에 더해 1789년 프랑스혁명 이후로 세계 곳곳에서 귀족계급의 몰락이 가속화된 것도 이들의 운명에 영향을 주었다.

조민희는 그처럼 몰락해가는 친일 귀족의 운명을 상징적으로 대표했다. 그의 초라한 말년을 보여주는 『친일인명사전』 한 대목을 읽어보자.

---

[20] 『친일반민족행위진상규명보고서』 제3-1권 참조.

"1923년 중순경[21]부터 채권자들의 소송이 이어지는 한편, 파산신청에 대한 재판에도 20여 차례나 소환에 불응해 조선귀족 최초로 구인장을 받았다."

20대 후반에 사또도 되고 서른 직후에 성균관 대사성이 되는 등, 한때 전도유망했던 조민희는 친일 전향 이후에 더욱 승승장구하는 듯했다. 하지만 1921년까지 중추원 참의를 지내며 두둑한 연봉까지 받던 친일 귀족이 불과 2년 뒤부터 채권자들로부터 줄소송을 당하고, 6년 뒤에는 귀족 작위까지 박탈당하고 다시 1년 뒤에는 끝내 파산했다. 경제적, 사회적으로 사형선고를 받은 것이나 마찬가지다. 친일로 누린 10년의 부귀영화는 그렇게 처참하게 막을 내렸다.

조민희는 친일 귀족의 몰락을 재촉하는 3·1운동의 충격파를 견디지 못해 경제적으로 몰락하고 세상 사람들의 조롱과 멸시의 시선 속에 몇 년을 더 살다가 1931년 1월 2일, 72세를 일기로 세상을 떠났다.

---

[21] 중반경의 오자인 듯하다.

조선의 금을 일본으로 밀반출한
'쩐의 전쟁' 뒤의 남자

일제의 금융침략을 도운 친일파 김종한

일본은 전쟁으로 조선을 멸망시키지 않았다. 1894년에 불법으로 상륙해 동학군을 섬멸했지만 조선 관군과 정면 승부를 하지는 않았다. 그러다 보니 조선의 사회구조를 전면 개조할 기회가 없었다. 이런 상태로 조선 병합을 추진했기 때문에, 일본은 친일파들의 협조에 의존할 수밖에 없었다.

전쟁을 통해 한국을 무너트린 것은 아니지만 일본의 군사행동은 상당히 많았다. 1882년 임오군란과 1894년 동학혁명 때는 자국민 보호를 명목으로 군대를 파견했다. 1894년에는 그 병력으로 조선 땅에서 청나라와 전쟁을 했다. 그래서 1894년의 출병은 침략전쟁으로 해석될 여지가 크다. 또 1904년 러일전쟁을 계기로 서울 용산에 군대를 주둔시켰다. 이는 일본의 강압 외교에 힘을 실어주는 요인이 됐다.

일본의 금 빼가기

일본이 일으킨 전쟁이 군사적 형태로만 국한된 것은 아니다. '쩐의 전쟁'도 하나의 형태였다. 금융침략이라는 전략도 구사됐던 것이다. 전쟁은 군인과 무기뿐만 아니라 군인과 무기를 움직일 돈이 있어야만 가능하다는 당연한 이치를 생각하면, 일제가 수행한 '쩐의 전쟁'은 1882년과 1894년의 출병만큼이나, 또는 그보다도 더 위력적이었다.

일제의 금융침략은 금의 반출로도 일어났다. 『중국 구舊해관 사료』'조선 부록'에 따르면 1885~1893년 9개년 동안에 조선의 무역 적자인 1,699만 1,573멕시코달러의 48.4%에 상당하는 금이 조선에서 일본으로 밀반출됐다. 조선 세관 통계가 청나라와 중화민국의 세관 통계인『중국 구해관 사료』부록이 된 것은 1882~1894년에 조선이 청나라의 내정간섭을 받은 결과이고, 무역 통계가 멕시코달러로 집계된 것은 당시 세계 관행이 그랬기 때문이다.

조선의 금이 밀반출되는 상황은 조선총세무사인 영국인 모건 (F.A. Morgan)이 작성한「1892년도 조선의 대외무역에 관한 보고서」에서도 확인된다. 이렇게 유출된 금은 1897년에 일본이 금본위제를 선언하는 데 기여했다. 조선에서 빼내 간 금을 토대로 일본이 새로운 세계 경제 질서에 적응할 국부를 마련했던 것이다.

일본의 금융침략은 또 다른 방식으로도 전개됐다. 김종한 (1844~1932) 같은 인물들의 보조하에 일본 금융기관의 영향력이 확장되도록 하는 것이었다. '쩐의 전쟁'은 몰래 금을 반출하는 방식뿐만 아니라 일본 금융의 힘을 팽창시키는 방법으로도 수행됐던 것이다.

신한은행의 기초를 세운 인물

일제의 금융침략을 도운 김종한은 재일 사학자인 강동진 전 쓰쿠바대학 교수가 1985년 8월 15일자 「조선일보」에 기고한 '한·일 80년'이라는 글에도 언급됐다. 이 기고문은 일본이 경의선 부설권을 러시아로부터 빼앗고자 조선에 제공한 차관이 공립 한성은행에 사용됐다고 말한다. 기고문 일부를 보자.

> "자본금이 25만 엔이고, 중개료 5만 엔이 이재완의 호주머니로 들어갔다. …… 은행장에 이재완, 부은행장에 김종한(전 궁내대신), 총무에 이완용의 생질이며 일제 말기까지 식민지 예속자본가의 대표적 존재였던 친일파 한상룡이 앉았다." [22]

---

[22] 『친일파 99인』 제1권에 실린 장석흥 독립기념관 한국독립운동사연구소 연구원의 기고문 '김종한: 고리대금업으로 치부한 매판자본의 선두 주자' 참조.

김종한.

한성은행의 실세는 고종의 사촌동생인 은행장 이재완이 아니라 부행장 김종한이었다. 이재완은 왕족에 대한 예우 차원에서 은행장에 앉힌 것뿐이었으므로 허수아비였고 한성은행의 실질적 책임자는 김종한이었다.

한성은행은 1897년 2월 19일에 설립됐다. 설립을 주도한 인물도 김종한이다. 1943년에 조흥은행이 되고 2006년에는 신한은행이 될 한성은행은 1903년 공립화 이전과 이후 모두 김종한의 주도로 운영됐다.

그러나 공립화 이후에 최고의 수혜를 누린 것은 김종한이 아니라 일본이었다. 일본 제일은행의 차관에는 조건이 있었다. 그것은 '일본인 한 명을 한성은행의 심사원으로 파견하여 모든 업무를 감독하게 할 것'이었다. 이로써 한성은행은 일제 금융자본에 예속

되었다. 일본 금융자본이 한국 자본시장을 삼키는 데에 김종한이 주도적 역할을 했던 것이다.

김종한은 일본 축산업의 조선 진출에도 앞장섰다. 일본인 모로라는 자가 강화도에 250만 평 규모의 한우목장을 차렸는데, 그와 함께 조선축산장려회를 설립하여 회장 자리에 앉는 등, 일본 침략 자본과 결탁함으로써 매판자본의 선두 주자가 되었다.[23]

안동 김씨의 일원

김종한은 정조의 증손인 헌종 때 출생했다. 그의 집안은 풍양 조씨와 경쟁하면서 왕실과 다름없는 권세를 행사한 안동 김씨 가문이다. 32세 때인 1876년에 과거에 급제하여 승정원 승지, 이조 참의, 홍문관 부제학, 예조판서 등을 두루 지냈다.[24]

매판자본가 김종한은 한성은행을 세우기 6개월 전인 1896년 2월에 조선은행을 설립했다. 은행을 설립하기 전에는 고리대금업도 겸했다. 고리대를 통해 축적한 자본으로 전錢 교환소를 차리고 이를 서구식 은행으로 변모시켰다. 그의 겸업은 일종의 과도기 양상을 반영했다. 김종한의 겸업을 보면 농업 지주나 고리대금

---

[23] 『친일파 99인』 참조.
[24] 『친일인명사전』에는 두 명의 김종한이 등장한다. 이번 이야기의 주인공인 김종한(金宗漢)이 있고, 시인 김종한(金鐘漢)이 있다. 시인 김종한은 1914년생이다.

김종한이 한성은행을 세우기 6개월 전인 1896년 2월에 설립한 조선은행.

업을 겸했던 양반 관료들이 상업이나 공업 자본가를 겸하는 쪽
으로 전환되는 양상이 뚜렷하게 보인다.

금융도 통합하고, 한·일 조상님도 통합하고?

김종한의 친일은 일제 금융침략을 보조하는 차원에 그치지 않
았다. 다양한 양상으로 친일이 전개됐다. 그의 친일 활동상을 간
략하게 살펴보면 다음과 같다.

• 한국을 시찰하는 일본 왕세자를 환영하기 위해 조직한 신사
　회에서 환영위원으로 활동.

- 1908년 12월에는 일본인과 함께 한일정당회 조직.
- 1909년 7월에는 한국의 단군과 태조 이성계와 일본의 시조 아마테라스 오미카미를 함께 제사 지내기 위한 신궁봉경회 고문을 지냄.
- 1910년에는 한일 친선이라는 명목으로 조직된 정우회에서 총재를 역임함.[25]

한·일의 금융 통합뿐 아니라 종교·신앙 통합에도 가담했던 것이다.

김종한은 또한 이완용의 지원을 받아 1909년 12월 국민연설회란 친일단체를 조직하여 송병준·이용구 등의 일진회와 경쟁적으로 나라 팔아먹기에 앞장섰다. 이런 '눈부신' 친일 활약으로 1910년에 남작 작위를 받고 1911년에 2만 5,000원의 은사공채를 받고 1912년에 한일병합기념장을 받았다. 1929년에는 조선귀족들을 돕기 위해 세워진 창복회로부터 200원도 받았다.

그는 1905년에 제일은행을 끌어들여 한성은행을 공립으로 전환한 후 일본 자본에 예속시켜 돈을 벌었다. 그러므로 매판자본가로 변신한 1905년 이후의 소득 또한 친일재산 범주에 넣어야 할 것이다.

---

[25] 『친일반민족행위진상규명보고서』 제4-4권에 적시된 친일반민족행위진상규명위원회 결정문 참조.

일본은 전면전을 일으켜 조선을 멸망시키지 않고, 출병이나 군대 주둔 등을 통해 조선을 군사적으로 제압했다. 이 같은 군사적 카드와 함께 구사된 게 금융 침탈이다. 금을 밀반출해 조선의 국부를 감소시키는 동시에 조선 금융을 일본에 예속시켜나갔다. 이런 '쩐의 전쟁'을 통해 조선의 군대 동원에 필요한 자금줄을 묶어 두는 효과를 거뒀다. 그런 다음 강압적인 외교적 수단으로 조선을 멸망시켰다.

일제가 벌인 쩐의 전쟁에 '참전'하여 몸을 사리지 않고 활약한 인물이 김종한이다. 그는 조선 금융의 '성문'을 활짝 열어 일본 금융자본의 입성을 도왔다. 금융에서 일본을 도운 김종한, 외교에서 일본을 도운 이완용 등의 지원에 힘입어 일본은 총이나 대포 같은 무력을 쓰지 않고도 조선을 멸망시켰다. 그런 의미에서도 이들은 일본에 큰 이익을 안겨준 존재들이었다.

11

'후작' 박영효,
'백작' 이완용보다 많이 받아먹었다

일본이 이완용보다 쓰임새를 높이 평가했던 박영효

박영효는 철종의 부마였다. 박영효는 11세 때 세 살 많은 영혜
옹주와 혼인해 철종의 사위가 됐는데, 그때의 박영효는 '끈 떨어
진 연' 비슷했다. 왜냐하면 그가 왕실 사위가 된 것은 고종 9년 2
월 22일이었기 때문이다.[26] '철종 9년'이 아니라 '고종 9년', 즉 장
인인 철종이 사망하고 고종이 즉위한 지 한참 뒤에 부마가 되었
던 것이다.

고종은 철종의 7촌 조카뻘로, 철종의 6촌 형제인 효명세자(익종

---

[26] 『고종실록』에 표기된 음력 날짜이며, 양력으로는 1872년 3월 30일이다.

으로 추존)의 양자 자격으로 왕위에 올랐다. 고종이 철종의 대를 잇는 형식이 아니라 효명세자의 대를 잇는 형식으로 왕이 되었으므로 '철종의 부마'라는 지위는 고종 시대에는 그다지 유리하지 않았다. 게다가 부인 영혜옹주마저 혼인 넉 달여 만인 1872년 8월 7일 세상을 떠났다.

부마는 재혼을 할 수 없었다. 혼인을 한 공주나 옹주가 죽으면 수절해야 했다. 고종은 그런 처지에 놓인 박영효를 배려해 옹주의 시녀들을 첩으로 들이게 했다. 그렇게 해서 박영효는 실질적인 새장가를 들어 자녀를 낳을 수 있었다.[27] 박영효는 영혜옹주와 합장해달라는 유언을 남기고 죽었고 그 유언대로 됐으니, 옹주에 대한 의리는 지킨 셈이 됐다.

자신과 처가를 잇는 끈이 약한 상태에서 부마가 된 박영효는 이 끈을 최선을 다해 활용했다. 그는 부마의 지위를 활용해 정치적 위상을 높여갔다. 17세 때인 1878년에는 장관급인 오위도총부 도총관이 되어 군무를 총괄했다. 그 뒤로는 판의금부사·특명전권대신·한성부판윤·광주유수 등을 지냈다.

박영효가 부마 지위를 십분 활용할 수 있었던 것은 개인적 역량에도 기인했겠지만, 가문이 노론당 출신인 것과도 관련이 있다.

---

[27] 『친일인명사전』 제2권 박영효 편은 1939년 9월 21일에 박영효가 78세로 사망하자 "작위는 손자 박찬범이 이어받았다."고 말한다. 박영효의 둘째아들인 박일서가 낳은 박찬범에게 후작 작위가 넘어갔던 것이다.

1883년 1월 일본에 체류 중일 때 그려진 박영효의 초상화.

노론당의 뿌리인 서인당의 정권을 확립시킨 역사적 사건이 1623년 인조 쿠데타(인조반정)다. 박영효의 조상인 박정은 인조 쿠데타에 참여해 공신 반열에 올랐다.[28] 역사학자 윤해동은 박영효의 집안이 "조선 후기 노론 척족세도의 중요한 한 축을 형성"했다고 말한다.[29]

이 같은 가문 배경은 그가 다 떨어진 끈을 쥐고도 조정에서 승승장구할 수 있었던 이유 하나를 설명해준다.

---

[28] 황현의 『매천야록』은 "박영효는 금주군 정(炡)의 후손"이라고 말한다.
[29] 『친일파 99인』 제1권에 실린 역사학자 윤해동의 기고문 '박영효: 친일 거두가 된 개화파 영수' 참조.

명성황후까지 죽이려 하다

부마 지위에 더해 가문과 당파를 배경으로 위상을 높여나간 박영효는 인연의 끈이 약해진 처가와 대립적인 관계에 놓이게 됐다. 처가인 조선 왕실에 대해 도전적인 행보를 해나간 것이다. 합장 유언을 통해 영혜옹주에 대한 개인적 의리는 지켰다고 할 수 있겠지만, 처갓집 자체에 대해서는 상당히 공격적이었다. 끈이 약해졌으므로 오히려 왕실에 공격적인 모습을 보였던 것이다.

박영효는 23세 때인 1884년에 김옥균과 함께 갑신정변을 일으켰다. 이 거사에 실패해 일본으로 망명했다. 갑신정변은 고종의 최측근인 김옥균이 청나라의 내정간섭을 종식시킬 목적으로 일으킨 것이었다. 이는 청나라의 내정간섭에 시달리던 고종이 바라던 바였다.

김옥균 회고록인 『갑신일록』에 따르면, 정변 직전에 고종은 향후 상황을 김옥균에게 일임한다는 언질을 주었을 뿐만 아니라 정변 자금으로 100여 냥짜리 어음도 주었다. 이런 점들을 보면, 갑신정변은 일종의 '친위 쿠데타'였다. 영혜옹주와 고종은 8촌 남매 간이었다. 그래서 박영효와 고종은 형제뻘이었다. 1884년에 박영효는 갑신정변에 가담함으로써 고종 편에 섰다. 하지만 그 이후 상황은 그렇게 보기 힘들게 전개되었다.

갑신정변이 실패하고 일본으로 망명했던 박영효는 10년 만에 조선으로 돌아왔다. 일본군이 동학군 진압을 명분으로 무단 상

청의 내정간섭으로부터 벗어나기 위한 일종의 '친위쿠데타'였던 갑신정변의 주역 김옥균(왼쪽)과 박영효(오른쪽). 이때 박영효는 고종 편에 섰지만, 사실은 처갓집이 망하는 데 앞장선 적이 많았다.

류한 1894년에 일본 정부의 주선하에 귀국했던 것이다. 그런데 이듬해 1895년에 또다시 역모 혐의를 받고 일본으로 망명했다. 그때 그가 받았던 혐의는 명성황후 시해 음모였다.

『매천야록』에 따르면, 1894년에 들어온 일본군 때문에 고종의 왕권이 억압받자 이런 상황을 타개할 목적으로 명성황후가 러시아에 접근했고, 그런 명성황후를 제거할 음모를 꾸몄다가 발각되자 양복으로 갈아입고 서울 용산에서 배를 타고 도주했다고 한다. 이때는 음력 윤5월에 접어든 뒤였다. 그로부터 불과 석 달 조금 지난 음력 8월 20일(양력 10월 8일) 을미사변이 발생해 명성황후는 결국 시해당하고 만다.

박영효는 일본에 있을 때인 1900년에도 역모 사건에 휘말렸다.

한성신보 사옥 앞에 선 을미사변을 일으킨 낭인들.

이때는 고종의 아들인 이강(의화군, 의친왕)을 왕으로 추대하는 쿠데타를 배후에서 조종했다는 혐의를 받았다. 이 때문에 결석재판에서 교수형을 받았다. 왕실 입장에서 사위 박영효는 '원수' 그 이상이었다.

이완용이 싫어서 고종을 돕다

처가와 고종을 상대로 도전적 행보를 걸었던 박영효는 처가 멸망 3년 전인 1907년 하반기에는 외견상 정반대되는 모습을 보였다. 그해에 고종은 을사늑약의 무효를 주장하고자 헤이그 만국평화회의에 이준·이상설·이위종과 호머 헐버트를 특사로 파견했다. 이는 고종이 일제와 친일파의 퇴진 압력을 받는 원인이 됐다.

이때 박영효는 고종 황제의 퇴위를 반대하는 쪽에 가담했으며,

이를 위해 위험까지 감수했다. 박영효는 순종이 즉위한 지 한 달이 지난 8월 23일, 이완용을 비롯해 고종 퇴위에 찬성한 대신들을 암살하려 했다는 혐의로 체포됐다. 그전까지 고종에게 도전적 인물로 비쳤던 박영효가 이때는 고종을 지키려 한 일로 체포된 것이다.

물론 고종이 좋아서 한 일은 아니었다. 박영효가 고종 퇴위에 반대했던 이유는 고종 퇴위에 앞장선 이가 이완용이었기 때문이다. 경무청에서 조사를 받을 때 박영효는 "이완용은 역적"이라는 말을 강조했다.[30] 그것은 이완용과 사이가 좋지 않았기 때문이다.[31] 을사늑약을 계기로 이토 히로부미의 최고 파트너가 된 이완용과의 갈등 관계가 배경에 있었던 것이다.

박영효는 1907년 7월 한일동지회를 조직하고 회장이 되었다. 한일동지회는 조선인과 일본인의 친목을 도모하여 조선을 돕는다는 목적으로 만들어진 단체였다. 1905년 을사늑약으로 외교권이 넘어가는 것을 보고서도 일본과의 친목을 위한 단체를 조직했던 것이다. 이처럼 처가 망하라며 친일 행보를 보였던 박영효는 이완용에 대한 경쟁심 때문에 고종의 퇴위는 반대했다.

---

[30] 샌프란시스코 교포들로 구성된 공립협회가 발행한 8월 30일자 「공립신문」 2면 참조.

[31] 『친일파 99인』 제1권 '박영효: 친일 거두가 된 개화파 영수'에서 윤해동은 "이는 이완용과의 갈등에서 연유한 것"이라고 설명한다.

박영효는 이완용 등에 대한 암살 미수로 1년간 제주에 유배됐다. 하지만, 얼마 뒤 복귀해 친일 행보에 속도를 냈다. 이 과정에서 '레드 라인'을 벗어나기도 했다. 1909년 6월에는 단군과 이성계와 아마테라스 오미카미를 함께 숭배하는 신궁봉경회 설립과 함께 총재에 선임됐다. 단군왕검과 아마테라스 오미카미를 함께 숭배하는 것도 어불성설이지만, 처가의 시조인 이성계를 아마테라스 오미카미와 함께 받드는 것은 더욱 어불성설이었다.

15만 원 vs 28만 원, '백작' 이완용보다 많이 받은 '후작' 박영효

일본은 박영효를 우호적 인물로 평가했다. 이완용 때문에 잠시 '탈선'했던 그를 관대하게 대했다. 일본은 그의 위상을 이완용보다 높게 설정했다. 1910년 한국 강점 뒤에 이완용에게는 백작 작위를 줬다가 1920년에 후작으로 높인 데 비해, 박영효에게는 처음부터 후작 작위를 부여했다. 또 1911년에 이완용에게는 은사공채 15만 원어치를 준 데 비해, 박영효에게는 28만 원어치를 줬다. 이들은 은행에 예금되는 이 돈의 이자를 받아 곳간을 채웠다. 1910년부터 1921년까지 평안도와 경기도에서 군수로 부역한 친일파 김연상(1878~1924)이 1910년에 받은 월급은 50원이다. 이완용에게는 이 월급의 3,000배, 박영효에게는 5,600배가 일왕 하사금으로 주어졌던 것이다.

일본이 볼 때 한국 강점 이전에는 이완용이 더 필요했다. 하지만 그 후에는 박영효가 더 필요했다. 대한제국을 헐값에 넘겨받는 데는 매국노 이완용의 역할이 절실했지만, 일단 넘겨받은 뒤에는 한국의 민심을 억누르는 게 급선무였다. 왕실 일원인 박영효가 자신들을 지지한다는 사실을 선전하는 것이 일본에 더 유용했다. 고종의 친형인 이재면에게 은사공채 83만 원을 준 데에도 그런 판단이 작용했다고 볼 수 있다.

작위와 은사공채로 박영효를 이완용의 위에 놓은 일본은 두 사람의 강점을 활용해 식민지 한국을 지배해나갔다. 『이완용 평전』에서 김윤희 수원대 연구교수는 박영효와 이완용을 이렇게 비교한다.

> "박영효는 오랜 망명 생활로 국내 정치기반이 약했지만, 고종의 폐위를 반대했던 전력으로 인해 조선인에게 이미지가 그리 나쁘지 않았다."

> "이완용은 을사늑약 이후 매국의 상징으로 송병준과 나란히 비교될 정도로 세간의 혹평을 받고 있었지만, 정치 기반이 탄탄했고 전직 고위 관료들과도 두터운 인맥을 형성하고 있었다."

박영효는 조선귀족회장이 되고, 이완용은 중추원 부의장이 됐다. 일제는 둘을 앞세워 한국인 특권층의 지지를 끌어내려 했다. 『이완용 평전』은 "조선귀족원 의장 박영효와 중추원 부의장 이완

조선귀족회장 박영효.

용을 구심으로 조선귀족을 포함한 조선인 상층의 결집이 다시 시작'됐다고 서술한다.

1907년 고종 퇴위 때만 해도 대립 관계였던 박영효와 이완용의 관계는 조선귀족회가 창립된 1911년부터 달라졌다. 위 책은 "이완용과 박영효는 조선귀족회 활동 과정에서 친밀한 관계로 돌아섰다."고 설명한다. 조선귀족회장 직과 중추원 부의장 직을 분점해 상호보완 관계가 되면서 두 친일파가 서로에 대해 우호적이 됐던 것이다. 적에서 동지로. 이익 앞에서는 어떤 적과의 동침도 마다하지 않는 모습은 두 사람의 공통점이었다.

수그러든 반역 기질, 그리고 '적과의 동침'

이완용과 함께 핵심 부역자 지위에 오른 박영효는 일제하에서

조선귀족회관의 모습(1912년).

안정적으로 친일재산을 축적했다. 1913년에는 조선무역회사를 설립하고, 1918년에는 경제침략 기관인 조선식산은행의 이사가 됐다. 그런 후광에 힘입어 1919년에는 경성방직 사장도 되고 1920년에는 동아일보사 사장도 됐다. 1921년부터 5년간은 중추원 고문으로 일하며 연봉 3,000원을 받았고, 1926년부터 1939년 사망 시까지는 중추원 부의장으로 일하며 연봉 3,500원을 받았다. 1932년에는 한국인 최초로 일본제국의회 귀족원의 칙선의원勅選議員에 임명됐다.

1937년 중일전쟁 이후에는 침략전쟁을 응원하는 데도 적극성을 보였다. 1937년 9월에는 국방비 500원을 헌납했다. 1939년 2월에는 경성부 육군지원병지원자후원회 고문이 됐다. 4월에는 조선

군사후원회연맹에 1,200원이 넘는 금비녀 등을 기부하고 국민정신총동원조선연맹 고문이 됐다.

처가가 존속하는 동안 박영효는 불안정했다. 처가를 상대로 정변을 자주 일으켰고 망명 생활도 오랫동안 했다. 그러다가 막판에는 처가를 무너트리려는 이토 히로부미와 손잡았다. 이 정도면 반역 기질이 있었다고 볼 수 있다. 하지만, 49세 때인 1910년에 처가가 무너진 뒤로는 더 이상 반역을 시도하지 않았다. 이완용과도 사이좋게 지냈다.

1939년 9월 21일 사망한 박영효에게 일제는 욱일대수장을 하사했다. 30년을 일제에 충성하며 생의 마지막 순간까지 조선의 백성들을 수탈하고 전쟁으로 내모는 데 최선을 다했던, 한결같은 매국노의 삶이었다.

12

칼을 뽑아
고종을 위협하다

대한제국 군대 해산을 주도하고 의병운동을 진압한 친일 군인 이병무

1919년 3·1운동은 일본제국주의 못지않게 친일파들도 긴장시켰다. 이때 61세 된 이완용과 동병상련을 많이 느꼈을 인물 중 하나가 이병무다.

대한제국 멸망을 도운 1905년 을사오적, 1907년 정미칠적, 1910년 경술국적(8명)에 한 번 이상 이름을 올린 친일파는 총 14명이다. 이 중에서 두 번 이상 이름을 올려 후세에 확실하게 각인된 인물은 다섯이다. 친일 다관왕인 이 다섯 중에서 1919년 3월 1일 현재 생존한 사람은 셋이었다. 이완용(3관왕)과 조중응(을사오적·경술국적)에 더해 이병무가 바로 그 장본인이다.

을사오적은 외교권을 넘기고, 경술국적은 나라를 통째로 넘겼

다. 중간 단계인 정미칠적은 대한제국 행정이 이토 히로부미 한국 통감의 간섭을 받게끔 만들었다. 군대를 해산하고 경찰권을 위임하는 일도 거들었다. 이병무는 정미칠적에 더해 경술국적까지 됨으로써, 일본이 대한제국의 수족을 자르고 이를 통째로 넘겨받는 데 협력했다. 그런 그가 이완용·조중응과 함께 3·1 만세시위 때 살아 있었다. 당시 55세였던 그의 긴장감이 어떠했을지 짐작할 수 있다.

군대를 들락거리다

1864년 충남 공주에서 출생한 이병무는 갑신정변 2년 뒤인 1886년에 22세 나이로 무과에 급제했다. 그 뒤 그의 무관 생활에서 나타나는 특징은 일본과의 인연이 강해질 때마다 대한제국 군대와의 거리가 멀어졌다는 점이다.

일본군이 조선에 불법 상륙한 1894년에 그는 고종의 제5왕자인 이강(훗날 의친왕)을 수행해 일본을 방문했다. 이것이 그를 일본에 주저앉혔다. 하사관 양성 기관인 일본 육군 교도대에 입학했고, 이 때문에 대한제국 군대의 현직에서 벗어나게 됐다. 1895년에 31세의 나이로 일본 육군사관학교에 들어간 뒤 1896년 3월까지 수학하다 그해 4월에 대한제국 육군 정위(오늘날 대위)로 복귀했다.

그 뒤 대대장으로 복무하던 중인 1900년, 일본 망명자와 연락한 혐의로 면직되고 감옥에 들어간 뒤 유배 생활까지 했다.

대한제국 멸망을 도운 친일파 14인	
을사오적(1905년 11월 17일) 을사늑약을 찬성	이완용(학부대신) 이근택(군부대신) 이지용(내부대신) 박제순(외부대신) 권중현(농상공부대신)
정미칠적(1907년 7월 24일) 한일신협약(정미7조약) 조인에 찬성	이완용(내각총리대신) 송병준(농상공부대신) 이병무(군부대신) 고영희(탁지부대신) 조중응(법부대신) 이재곤(학부대신) 임선준(내부대신)
경술국적(1910년 8월) 대한제국에서 한일병합조약 체결에 찬성, 협조	이완용(내각총리대신) 윤덕영(시종원경) 민병석(궁내부대신) 고영희(탁지부대신) 박제순(내부대신) 조중응(농상공부대신) 이병무(친위부장관 겸 시종무관장) 조민희(승녕부총관, 이완용의 처남)

군에 복귀한 것은 4년 뒤였다. 일본이 러일전쟁을 일으키고 (1904.2.8) 이를 빌미로 대한제국과 한일의정서를 체결해(2.23) 한·일 안보협력을 이룬 뒤인 1904년 6월 7일의 일이다. 참령(오늘날 대령)으로 복귀한 그는 육군무관학교장과 육군유년학교장 등을 거쳐 1907년 5월 22일 이완용 내각의 군부대신으로 발탁됐다. 1900년에 대대장이었던 그가 7년 뒤 군부대신(오늘날 국방부장관)이 된 데는 일본 정부의 지지가 큰 도움이 됐다. 을사늑약으로 외교권이 넘어간 이듬해인 1906년에 대한제국 훈장과 일본제국 훈장을 받았다. 그의 배후에 어느 나라가 있는지를 선명하게 보여주는 일이었다.

임금 앞에서 칼을 뽑아들다

군부대신이 된 이병무에게는 한국 군대 해산이라는 막중한 임무가 주어졌다. 자신이 몸담아온 한국 군대를 해체하는 일을 맡게 됐던 것이다. 일본과의 인연이 강해지면 대한제국 군대와 멀어지는 그의 인생 패턴이 이때도 나타났다.

군대 해산 과정에서 그는 웬만한 친일파들은 감히 생각지도 못할 일을 과감히 시도했다. 이것이 그의 이미지를 한층 강렬하게 만들었다.

1907년 6월 15일 네덜란드 헤이그에서 열린 제2회 만국평화회의를 무대로 을사늑약의 무효를 주장하려 했던 고종의 계획은 일제의 방해로 무산됐고, 그 결과 고종은 일본과 친일파의 압력으로 7월 18일 퇴위조서를 발표하고 다음 날 황제 자리에서 물러났다. 그리고 불과 엿새 뒤인 7월 24일에 한일신협약(정미7조약)이 체결돼 한국통감부의 간섭이 강해지고 7월 31일 군대가 해산됐다.

이 과정에서 이병무는 선을 한참 넘어섰다. 신하의 위치를 망각하고 고종을 칼로 협박하기까지 했다. 군부대신인 그는 고종의 퇴위를 강요할 때 칼을 차고 들어갔다.

"군대 리병무 씨는 심지어 칼을 차고 시립하였다더라."

- 1907년 7월 24일자 「대한매일신보」

이병무는 고종에게 칼집을 보여주는 데 그치지 않았다.

"이병무는 칼을 뽑아 위협했다."

- 『대한계년사』

『대한계년사』는 조선왕조 말년의 역사를 다룬 정교(鄭喬, 1856~1925)의 저서인데, 그 책에 나오는 원문은 발검拔劍, 즉 '칼을 뽑아'이다. 왕정 시대에 자신이 목숨 걸고 지켜야 할 왕에게 신하가 감히 칼을 뽑아들면서까지 일본의 앞잡이 노릇을 했던 것이다.

당시 이병무는 이토 히로부미의 명령에 따라 대궐에 일본 병력을 배치했다. 『매천야록』에 따르면, 이병무가 전화를 걸어 이에 관

이병무.

한 지시를 내리자 정위 조성근은 용납될 수 없는 일이라며 명령을 거부했다. 이병무가 다시 전화를 걸어 "일본인이 명령한 것이니 어쩔 수 있겠는가?"라고 말하자, 조성근은 "그저 일본인만 알고 있으니 이런 군부를 어디에 쓰겠는가?"라며 주먹으로 전화기를 때려 부쉈다. 한국인들의 눈에 이병무가 어떻게 비쳤는지를 보여주는 장면이다.

'친일 2관왕'의 여생은 등 따습고 배불렀다

세상의 시선은 싸늘했지만, 그해 하반기에 그에게는 상복이 터졌다. 군대 해산을 주도한 이병무는 이에 저항하는 의병운동도 진압했다. 그 일로 9월 28일에 대한제국으로부터 태극장 훈장을 받고 10월 18일에 일본 정부로부터 욱일장 훈장을 받았다. 10월 30일에는 대한제국으로부터 한 등급 높은 태극장을 또 받았다. 공립협회 기관지인 「공립신보」는 이 일에 대해 "나라 팔아먹은 공로로 말하면 일본 훈장은 가하되 한국 훈패는 부당하다."고 쓴소리 한마디를 했다.

정위 조성근은 분통이 터져 전화기를 때려 부수고 「공립신보」는 '일본 훈장은 가해도 한국 훈장은 부당하다'고 비난했지만 세상의 매서운 힐난에도 불구하고 이병무의 삶은 전혀 영향을 받지 않았다. 발검까지 마다않은 1907년의 '대활약'에 이어 1910년 국권 침탈에도 가세해 정미칠적에 이어 경술국적으로 '친일 2관왕'에 올랐다. 그런 뒤 자작 작위도 받고 일본 육군 중장 대우를 받았다. 그렇게 여생을 편안히 보냈다. 1919년 3·1운동 때는 가슴이 졸아들었겠지만, 그 뒤 7년을 더 편히 보내다가 1926년 12월 6일 사망했다.

이병무 역시 친일에 대한 대가로 주머니를 두둑하게 채웠다. 1911년 1월에 은사공채로 5만 원을 받았고, 그해 2월부터 육군 중장 대우로 연봉 2,500원을 받았다. 1910년에 평안도 중화군 군수로 부역한 친일파 김연상이 연봉 600원을 받은 점을 감안하면, 이병무가 축적한 친일재산의 규모를 짐작할 수 있다.

이병무는 56세 때인 1920년에는 육군 중장으로 정식 임명됐다. 이때부터 1926년까지 받은 연봉은 3,500원에서 5,200원이다. 도쿄에서 히로히토 일왕에게 폭탄을 던진 이봉창 의사가 1915년

제과점에 근무할 때 받았던 월급을 연봉으로 환산하면 숙식 제공에 연봉 100원 미만이었다. 1920~1924년에 용산역 역부·전철수·연결수로 근무할 당시 받은 월급을 연봉으로 환산하면 연봉 600원이 채 안 된다. 이병무가 받은 연봉은 당시 한국인 고급 기술자의 연수입을 훨씬 뛰어넘는 것이었다.

일본 정부는 이병무의 삶을 '훌륭했다'고 평가했다. 그리고 사망 당일에 정3위로 욱일동화대수장을 하사했다. 작위는 양자 이홍묵이 이어받았다. 욱일장 중의 최상위가 욱일동화대수장이었다. 일본제국주의가 보기에 그의 인생은 최상위였던 것이다. 그리고 대한민국 국민이 보기에는 최상위 친일 매국노이다.

<u>13</u>

황족 여성이 받는 훈장을
첩이 받았던 이유는?

한국인 지주들의 땅을 강탈하는 데 '조폭' 역할도 마다않은 박의병

보관장寶冠章은 금관 문화훈장, 은관 문화훈장에 이은 3등급 문화훈장이다. '눈물 젖은 두만강'을 부른 김정구(1916~1998)가 대중가수로는 최초로 1980년에 보관장을 받았다.

보관장은 지금의 한국에서는 문화예술인들이 받는 훈장이지만, 제국주의 일본과 일제강점기 한국에서는 달랐다. 1888년에 처음 제정된 이 일본 훈장은 원래 "여성에게 수여되는 훈장으로 황족 여성이나 황실의 며느리에게 수여됐던 매우 특수한 훈장"이었다.[32]

---

[32] 『친일반민족행위진상규명보고서』 제3-1권 참조.

훈장의 성격이 그러했으므로 일본 보관장을 받은 한국 여성은 몇 명 되지 않는다. 고종의 형인 이재면의 부인, 순종의 부인인 순정효황후, 영친왕의 부인인 일본인 이방자, 이준용(흥선대원군의 적장손)의 부인, 의친왕 이강의 부인, 을사오적 이지용의 부인 이옥경 등이 이 훈장을 받았다.

이들 6명은 대한제국 황실인 이씨 집안의 며느리들이지만, 이외의 또 다른 1명은 다른 가문의 며느리였다. 대한제국 황족이 아닌데도 일본 보관장을 받은 그 여성은 박의병의 부인 유주경이었다. 1906년 12월 11일, 이지용의 부인 이홍경과 박의병의 부인 유주경은 나란히 일제의 훈장을 받았다. 이홍경은 훈2등 보관장, 유주경은 훈4등 보관장이었다.[33]

유주경의 모습은 1915년 1월 1일자 「매일신보」에서 확인할 수

[33] 을사늑약 13개월 뒤에 발행된 1906년 12월 15일자 「황성신문」에 실린 '두 부인 훈장 하사(兩夫人賜勳)' 기사는 이렇게 보도했다. "특파대사 이지용 씨의 일행이 본월 11일에 일황께 폐견(陛見) 후에 친서를 봉정하고 동경시장이 해(該) 일행을 청요(請邀)하야 연회를 설(設)하얏난대, 이지용 씨의 부인 이홍경 씨에난 훈2등 보관장, 박의병 씨의 부인 유주경 씨에난 훈4등 보관장을 하사하고 기타 제씨(諸氏)에게도 서훈되얏더라." 여기서 '황제 폐하'의 폐(陛)는 계단이나 섬돌을 뜻한다. 이 단어가 들어간 '폐견'은 감히 실내에 들어가 인사를 올리기 어려워 건물 밖 계단 아래에서나 인사를 올려야 할 정도로 매우 존귀한 사람을 알현한다는 의미다. 유주경이 실제로 그렇게 일왕을 만났다는 의미는 물론 아니다. 일왕과의 만남을 이런 용어로 표현한 것은 대한제국이 피보호국으로 전락한 이후의 한일관계를 반영한다. 일왕의 위상이 대한제국에서 그만큼 높아졌기에 이런 표현도 쓰일 수 있었다.

1915년 1월 1일자 「매일신보」에 실린 사진. 맨 왼쪽부터 차례대로 유주경, 이토 히로부미의 딸, 이토 히로부미의 부인, 이옥경이다.

있다. 사진에는 4명의 여성이 찍혀 있다. 2명은 일본옷을 입고 앉아 있고, 2명은 한복을 입고 서 있다. 일본옷 차림 중에서 왼쪽이 유주경, 오른쪽이 이옥경이다. 한복 차림 중에서 왼쪽은 이토 히로부미의 딸이고 오른쪽은 이토의 부인이다. 유주경은 박주경으로도 불린다. 이옥경도 원래는 홍씨였다. 부부가 같은 성을 쓰게 한 1899년 이후의 일본 법제가 유주경이 박씨 성으로 불린 배경으로 보인다.

황족 여성이 받는 훈장이 보관장이었던 데서 느낄 수 있듯이, 이 훈장은 여성 자신이 뭔가를 했기 때문에 받기보다는 남편이 황족 신분을 갖고 있기 때문에 받는 훈장이었다. 그런데 보관장 서훈자의 남편 중 박의병만 유일하게 황족이 아닌 일반인이었다. 그런 일반인의 아내가 보관장을 받았다. 박의병에게 무슨 일이 있었는지 궁금해지는 대목이다.

대한제국이 주목하지 않은 것을 일본은 보다

철종 때인 1853년에 출생한 박의병은 28세 때인 1885년에 외무아문 주사 자격으로 원산항 서기관이 됐다. 그 이후의 관직 이력 중에 눈에 띄는 것은 1895년에 강원도 삼화군수가 되고 을사늑약 9개월 전인 1905년 2월에 한성판윤(서울시장급)이 되고 1907년 1월에 내부협판(내무부 차관급)이 된 일이다.

그는 을사늑약 이전부터 일본 훈장을 받았고, 그 후에도 욱일장을 두 차례 받았다. 거기다가 아내가 보관장을 받을 정도로 일본의 신임을 받았는데도, 을사늑약 이후의 대한제국하에서 재상 반열에 오르지 못했다. 박의병에 대한 대한제국의 평가와 일본의 평가 사이에 커다란 '갭'이 있었음을 느끼게 된다. 부인 유주경이 보관장을 받은 1906년 11월은 전년도 연말에 을사늑약을 성사시킨 이완용의 정치적 지위가 한창 제고되던 때였다. 그런 시기에 이완용의 부인이 아닌 박의병의 부인이 황족에게나 주는 보관장을 받았다. 한국인들이 주목하지 않는 뭔가가 박의병에게 있었고 그것이 일본을 매료시켰으리라는 판단을 할 수 있다.

박의병이 친일반민족행위자로 규정된 근거는 두 가지다.[34]

첫 번째 근거는 일제강점기에 중추원 참의를 지냈다는 사실이다. 박의병은 1927년 6월 3일부터 1929년 12월 3일 사망 때까지 중추원 참의를 지냈다. 당시 그는 연봉 1,500원을 받았다. 1920년대 전반에 고급 기술자인 기차역 전철수 또는 연결수의 연봉이 600원 미만이었다. 그는 일제 치하 경기도청에서도 근무했다. 그 외에 다양한 방법으로 친일재산을 형성했다.

두 번째 근거는 1906년 10월 이전에 평양군용지조사위원, 경의철도조사위원, 진해만조사위원으로 부역한 경력이다. 일본이 그해 11월에 욱일장을 수여한 것은 바로 이 두 번째 이력 때문이다.

---

[34] 『친일반민족행위진상규명보고서』 제4-6권 참조.

유주경이 보관장을 받은 것은 남편이 욱일장을 받을 만큼의 역할을 했기 때문이므로, 유주경과 박의병이 일본의 신임을 받은 결정적 근거는 여기서 찾을 수 있다.

일제를 위해 조직폭력배 역할까지

1906년 10월 이전에 박의병의 역할은 일본 군용지와 철도 부지를 확보하기 위해 민간 가옥을 철거하는 것이었다. 이때 박의병은 민간인들의 토지를 시세의 45분의 1 정도로까지 후려쳐서 수용했다. 이 과정에서 조직폭력배 역할도 마다하지 않았다.

박의병은 평안남도 관찰사 박중양의 협력하에, 전답을 내놓지 못하겠다고 버티는 주민들을 관아로 잡아들여 곤장 50대씩을 쳤다. 곤장 100대를 제대로 맞으면 사실상 죽었다. 토지 수용에 순순히 협조하지 않는 주민들을 50대씩 때렸으니 절반쯤 죽여놓은 셈이다. 맞아 죽기 싫으면 울며 겨자 먹기로 땅을 내놓을 수밖에 없었던 것이다.

또한 박의병과 박중양은 평안 군수와 면장들을 사주하여 매무毎畝 45원 하는 전답을 1원여의 가격으로 위협하여 무수히 강제로 매수했다.[35] 0.046헥타아르(약 460제곱미터)에 45원인 토지를 1원

---

[35] 『친일반민족행위진상규명보고서』 제4-6권에 인용된 『고종실록』 및 「대한매일신보」와 그 외의 자료 재인용.

남짓한 가격에 수용했다면 '후려치기'라는 말도 민망하다. 그냥 강탈했다고 해야 맞다.

일제는 한국 대중은 착취하면서도 한국 지주나 양반의 특권은 가급적 존중해줬다. 지주나 양반이 대한제국 시절에 가졌던 특권을 그대로 보장해준 것은 아니지만, 이들에 대해서는 최대한 배려하려 애를 썼다. 이들을 동조자로 만들어 일반 대중을 용이하게 착취할 목적에서였다. 그런데 박의병은 일본 군용지와 철도 부지 수용을 위해 한국인 지주들을 절반쯤 죽여놓으면서 토지를 강탈했다. 일본 정부가 직접 하기 힘든 일을 자기 손에 피를 묻히면서 앞장서서 해결해준 것이다. 그때 박의병이 보여준 충성심은 황족 부인이 아닌 유주경이 보관장을 받게 된 배경과 더불어 일제의 신임을 받은 박의병이 대한제국에서는 재상급으로 승진하지 못한 원인도 알려준다. 재상급이 되기에는 손에 묻힌 피가 너무 많았던 것이다.

자손들의 분쟁으로 귀결되다

친일이나 반민족보다는 '반인륜'이라고 해야 할 박의병의 행적은 그 자신에게는 엄청난 경제적 이익이 됐다. 그 덕분에 그는 철원 갑부가 됐다. 그가 사망한 뒤에 발행된 1932년 1월 17일자 「동아일보」는 그의 집안을 "철원 부호 박씨 가문"으로 지칭했다.

박의병의 재산은 관료 시절에 형성됐으며 군용지나 철도 부지

鐵原朴富豪門中
相續權爭奪戰
黃金에얽힌싸움
수년래로각가지소송

철원부호박씨(朴氏)가문의상
속인차웅이 생겻다
철원군읍내(鐵原郡邑內)박용
(朴瑢稦)은 동래박성원朴서
遠)을 상속대로十六日 경성지방법
원에 상속권하수 친구소송을쎄
거햇다
되유는 원고는 박의병
梁)파려씨(李氏)간에 난장자인
黑人차웅이 생겻다
철원군음내(鐵原郡邑內)박용
가 원고의상속권을 가지고호호
노릇을 한다는것이다
그런데 이박씨집의 소송은수
만원의 재산을가운데 노코수
면부터 가지가지의 명목으로
뎌짓서울한게속하야왓다고한다

박의병은 한국인 지주들의 땅을 강탈하여 '철원 박 부호'로
떵떵거리며 살았다. 1932년 1월 17일자 「동아일보」는 "철원
박 부호 문중 상속권 쟁탈전"이라는 제목으로 박의병의 아
들들이 벌인 상속재산 다툼을 다루었다.

수용 과정에서 생겨났다.[36] 일제에 충성하면서 자기 몫도 단단
히 챙겼던 것이다. 봉급 이외의 수입도 실질적인 친일재산이었던
것이다.

　그러나 그 재산이 결국은 화근이 됐다. 그가 밖에서 강탈해온
재산을 놓고 자녀들끼리 서로 갖겠다고 싸움을 벌였다. 위 「동아

[36] 『친일반민족행위진상규명보고서』 제4-6권에 인용된 1923년의 「개벽」 제42호
기사 참조.

일보」에 따르면, 이 싸움은 박의병이 죽은 뒤에 적장자 박용직이 서자 박성원을 상대로 소송을 벌이는 원인이 됐다. 서자 박성원은 유주경의 아들이었다. 첩으로 들어간 유주경의 아들이 아버지의 재산을 차지하게 되자 적장자가 상속권 회수 청구소송을 벌였던 것이다.

일본에 대한 충성이
부동산으로 돌아오다

홋카이도에 560만 평의 땅을 소유했던 송병준

일진회는 일제강점기의 가장 대표적인 친일 조직이다. 이런 일
진회를 이끈 송병준은 일종의 극우파였다. 지금의 극우와 똑같지
는 않지만, 기득권 진영이자 우파 진영인 제국주의 세력을 극단적
으로 지지했다는 점에서 극우파였다. 일본의 한국 진출을 극단적
으로 찬동했다는 점에서도 오늘날의 극우와 흡사했다.

외교권을 넘기는 1905년 을사늑약에 찬성한 을사오적, 군대를
해산시키는 1907년 한일신협약(정미7조약)에 찬성한 정미칠적, 국권
을 넘기는 1910년 한일병합조약에 찬성한 경술국적은 임금과 조
정을 움직이는 방법으로 일제의 한국 침략을 도왔다. 정미칠적 송
병준은 거기에 더해 대중을 움직이는 방법으로도 일본을 도왔다.

1907년 일진회가 일본 제국 왕세자 다이쇼의 대한제국 방문 때 서울 남대문 앞에 세운 대형 아치. 일진회의 쓰인 대형 아치 위에 태극기와 일장기가 교차해 있기는 하지만 아치 중간에 '봉영(奉迎, 받들어 맞이한다는 뜻)'이라는 문구와 함께 중앙에 일본 왕실을 상징하는 국화 문양이 새겨져 있어 일진회의 정체성을 드러내고 있다.

송병준이 라이벌이자 협력자였던 이용구와 함께 운영했던 일진회는 일본에 대한 대중적 지지를 확산시키는 조직이었다.

1910년에 일진회 회원은 총 14만 725명이었다.[37] 구한말의 극우파가 얼마나 막강했는지 보여주는 지표다. 일본이 후원하고 대규모 자금이 투입되지 않았다면 불가능했을 어마어마한 규모다.

을사오적·정미칠적·경술국적은 일본의 한국 침략에서 결정타를 날리는 역할을 한 데 비해, 일진회는 사전에 분위기나 여론을

---

[37] 국사편찬위원회가 1966년부터 1978년까지 펴낸 『일제침략하 한국 36년사』 제1권에 인용된 1910년 9월 29일자 「매일신보」 기사 참조.

조성해 그런 결정타가 통하도록 만드는 데 기여했다. 친일파에 대한 우리 사회의 관심은 주로 전자에 치우쳐 있지만, 일본 입장에서는 후자도 꽤 요긴했다. 송병준은 그 두 가지를 다 소화해낸 친일파였다.

송시열의 가짜 후손, 참외를 훔치려다 한 방에 인생역전

송병준이 함경남도 장진군에서 태어난 해는 철종 때인 1858년 8월 20일이다. 조선총독부가 1910년 12월에 발행한 『조선귀족 열전』 송병준 편은 그를 우암 송시열의 후예로 소개했다. 하지만 구한말 역사학자이자 정치평론가인 황현의 『매천야록』은 다르게 이야기한다. 『매천야록』은 족보를 조작한 함경도인들을 거론하면서 "송병준도 은진 송씨에 붙어 송시열의 후예 행세를 했는데, 여러 송씨들이 도리어 따라붙었다."고 알려준다. 송시열의 가짜 후예인 송병준에게 진짜 후예들이 도리어 모여들었다는 것이다. 송병준이 힘이 강해졌을 때의 일이다.

그가 정말로 송시열의 후예였다면, 유년 시절부터 남의 집에 엊혀산 일을 이해할 수 없게 된다. 장진군 기생과 향리 사이에서 서얼로 태어난 그는 적모한테 구박을 받다가 여덟 살 때는 아예 쫓겨났는데, 그 후에 이런 일이 있었다고 한다.

"하루는 참외를 훔치러 갔다가 참외밭 주인에게 들키게 되었는

데, 도리어 주인이 불쌍하게 여겨 머슴으로 데리고 살았다. 얼마 후 주인이 참외를 팔러 서울로 올라갈 때 함께 가게 된 송병준은 우연히 민씨 세도가인 민태호의 눈에 떠어 그의 애첩 홍씨 집에서 일하게 되었다. 후일 송병준은 이 홍씨를 자기의 생모라고 말하고 있지만, 이는 그가 자기 출신을 미화하기 위해 꾸며낸 거짓말이다." [38]

고종의 외숙이자 민영환의 양부인 민태호를 만난 일은 송병준의 삶을 180도 바꿔놓았다. 불과 5년 전에는 집도 절도 없는 걸인처럼 살았던 그가 민태호의 권력을 업고 관계(무관직)에 발을 들여놓은 뒤로는 출세가도를 달리기 시작한 것이다. 그의 출세가 얼마나 빨랐냐면, 13세 때인 1871년에 무과에 급제하고 이듬해에 종5품 훈련원 판관이 되었다. 16세 때인 1874년에는 종5품 오위도총부 도사(지금의 합동참모본부 간부급)가 되었다.

14세의 어린 나이에 작은 고을 사또인 현감(종6품)보다 높은 관직을 받았다. 적통이냐 서얼이냐가 중요했던 시절에 지방 향리의 서얼로 태어나 그 나이에 그런 지위에 오른 데는 민태호와의 인연이 결정적 계기가 됐다. 이렇게 출세한 송병준이 훗날 자신이 송시열의 후예라고 우겨댔던 것이다.

---

[38] 『친일파 99인』 제1권에 수록된 강창일 배재대 교수의 기고문 '송병준: 이완용과 쌍벽 이룬 친일매국노 제1호' 참조.

18세에 일본 사신단을 만나다

결과적으로 보면, 민씨 가문과의 만남은 훨씬 막강한 후원자와의 만남을 매개하는 기능을 했다. 민씨 가문의 후원으로 10대 중반에 그만한 지위에 도달한 것은 일본의 압력이 본격화된 1870년대 중반에 그가 일본과 만나는 발판이 되었기 때문이다.

1875년에 일본이 조선에 대한 경제적 침략을 위해 강화도에서 군사 도발을 일으켰다. 그런 뒤 이를 빌미로 1876년에 불평등조약인 강화도조약(조일수호조규)을 강요했다. 18세의 송병준은 이때 조선 측 수행원단에 포함되었다. 1876년 강화도조약을 체결하기 위해 구로다 기요타가 일본 특명전권대사 일행이 조선에 왔을 때 그들을 환영하는 반접 수행원을 맡았던 것이다. 민씨 가문의 후원이 아니었으면 14세에 종5품이 되지도 못했을 것이고, 그랬다면 18세에 일본 사신단을 동반하고 접대하는 수행원이 되지도 못했을 것이다.

송병준은 기회를 놓치지 않았다. 일본과의 연줄을 만들었을 뿐 아니라 이를 또 다른 목적으로도 활용했다. 강화도조약 체결이라는 대일 굴욕외교를 돈 버는 기회로도 이용한 것이었다. 본격적인 친일 행위에 돌입하기 전부터 그런 식의 돈벌이를 시작했다. 송병준은 일본의 대표적 실업가인 오쿠라 기하치로大倉喜八郎와 함께 부산에 본인 명의로 상관을 개설했다. 조선으로 밀고 들어오는 일본의 힘에 편승해 돈을 버는 송병준의 방식은 그 뒤에도 계속되었다. 1895년에 개성 인삼을 대량 밀매해 일본으로 건너간 송병준은 1904년에 러일전쟁이 발발한 뒤에 일본군 통역이 되어 돌아왔다. 그 뒤 군납 상인이 되어 경제적 이익을 챙겼다.

14만 회원을 거느린 친일 대중 조직 일진회를 이끌다

송병준은 관운도 좋았고 인연도 잘 만났다. 하지만 대중과의 관계는 그렇지 않았다. 그의 집이 1882년 임오군란과 1884년 갑신정변 때 백성들의 공격을 받은 사실은 그가 대중의 마음을 사는 일에 큰 관심이 없었음을 보여준다.

그런데도 일진회라는 대중 조직을 운영했다. 이를 통해 일본에 대한 대중의 지지를 확보하고자 했다. 이것이 가능했던 것은 파트너인 이용구가 동학 출신들을 일진회에 끌고 들어왔기 때문이다. [39]동학 출신들이 탄압받을 때 일진회가 변호해주거나 석방을 도왔다고 한다. 일진회가 대중적 기반을 갖게 된 것은 동학 출신들이 가세했기 때문이었지만, 송병준이 일진회에서 힘을 발휘한 것은 일본 군부의 지지 때문이었다. 송병준 자신이 대중적 기반을 갖고 조직을 운영한 게 아니었던 것이다.

---

[39] 이용구가 동학 출신들을 일진회에 끌고 들어온 이유와 관련해 성주현 전 독립기념관 한국독립운동사연구소 연구원의 『천도교에서 민족지도자의 길을 간 손병희』는 동학 출신들에 대한 정부의 탄압을 피할 목적이었다고 설명한다.

송병준.

을사늑약 이후에 동학 출신들이 일진회를 대거 탈퇴했다. 그런데도 일진회가 영향력을 유지한 것은 일본의 지원 때문이었다. 그래서 송병준은 일진회 회원을 14만 이상으로 늘릴 수 있었다. 독자적인 기반도 없으면서 대중 조직을 이끌다 보니 일본에 더욱 의존할 수밖에 없었다. 이는 송병준을 극단적인 친일의 길로 몰고 갔다.

일왕의 얼굴은 살펴도 조선 백성의 얼굴은 나 몰라라

역사학자 임종국의 『친일논설선집』에 따르면, 1905년 을사늑약 시기에 송병준은 일반적인 친일파보다 한술 더 떴다. 한국 친일파 연구의 토대를 닦은 임종국이 1987년에 펴낸 이 책은 송병준이 "조선국의 내치·외교를 일본 정부에 위임하여 내치의 쇄신과 외교의 신장을 도모"해야 한다는 제안을 일본에 했다고 말한다. 외교권뿐 아니라 내치권까지 갖고 가라고 멋대로 선심을 썼던 것이다. 그 뒤 송병준은 농상공부대신과 내부대신 등을 거치며 승승장구했다.

남보다 한술 더 뜨는 모습은 1910년 국권침탈 직전에도 나타났다. 라이벌 이용구가 한일연방론을 내세울 때, 송병준은 한일통합론을 제시했다. 아예 하나의 나라를 만들라고 제안한 것이다. 대한제국이 붕괴되고 조선총독부가 설치됐으니 결국은 송병준의 희망대로 된 셈이다. 송병준이 주장해서 그렇게 된 것은 아니지만, 그가 분위기를 띄우는 데 일조한 것은 사실이다.

송병준이 그렇게 할 수 있었던 것은 어느 정도는 낯이 두꺼웠기 때문이다. 자기 집이 공격받을 정도로 대중의 미움을 한 몸에 받고 있었는데도 친일 대중운동에 나선 것에서도 그의 낯두꺼움을 가늠할 수 있다.

이런 특성은 히로히토의 아버지인 요시히토(다이쇼)의 즉위식에 참석한 뒤에 발표한 1915년 11월 20일자 「매일신보」 기사에도 나타난다. 이 기사에 따르면, 이때 57세였던 송병준은 일왕의 외모를 칭찬하는 발언까지 했다. "친히 용안의 화려하심을 배찰"했다는 표현을 썼다. 일왕 얼굴의 화려함을 공손하게 살피고 왔노라고 언론에 말했던 것이다.

홋카이도 땅 560만 평과 일왕이 내린 포도주 12병

이런 송병준을 일본은 특별히 아꼈다. 『친일인명사전』에 따르면, 송병준이 사망한 해인 1925년 당시 홋카이도에 그의 땅이 560만 평 이상 있었다. 일본에 대한 충성이 부동산으로 돌아왔던 것이다. 그가 죽은 직후에 일본 정부는 욱일동화대수장을 수여했고, '용안이 화려하신' 요시히토 일왕은 포도주 12병을 하사했다. 야스쿠니신사에서는 성대한 추도식이 거행됐다. 구한말판 극우세력이 일본의 한국 병합을 얼마나 크게 도왔는지를 보여주는 장면들이다.

일본의 충견,
한국인을 향해 총을 쏘다

'이토 히로부미 키즈'로 의병운동과 3·1운동 진압에 동원된 헌병보조원 조성엽

일제강점기 역사에 자주 등장하는 것이 한국인 헌병보조원이다. 악랄한 일제 주구의 이미지를 띠는 이들은 '이토 히로부미 키즈'라 할 만했다. 이토 히로부미 한국통감의 치안 정책이 낳은 역사적 산물이기 때문이다.

을사늑약 34일 뒤인 1905년 12월 21일 초대 통감이 된 이토는 처음에는 일반 경찰력을 통해 치안을 유지하려 했었다. 그러나 일반 경찰로는 의병투쟁에 대처하기 힘들다는 판단에 도달했다. 그래서 생각해낸 것이 일본군 헌병대를 한국 치안에 활용하는 한편, 이들을 자기 휘하에 두는 방안이었다.

1906년 2월 9일 공포된 일본 칙령인 '한국에 주차하는 헌병 행

정경찰 및 사법경찰에 관한 건은 "한국에 주차하는 헌병은 군사경찰 외에 행정경찰 및 사법경찰을 관장한다."고 규정했다. 그러면서 "단, 행정경찰 및 사법경찰에 대해서는 통감의 지휘를 받는다."고 규정했다. 한국주차군사령관과 더불어 한국통감이 헌병을 지휘할 수 있게 한 것이다.

그런데 일본인 헌병을 증원하는 데는 한계가 있었다. 1908년 2월 1일 일본 제국의회 중의원 예산위원회에서 한국에 대한 군사비 지출 문제가 논의됐다. 훗날의 조선총독인 데라우치 마사타케 육군대신이 이 자리에서 추궁을 받았다. 이는 경비 지출에 대한 장애가 됐다. 그래서 식민 당국은 일본 재정이 아닌 대한제국 재정으로, 일본 인력이 아닌 한국 인력을 충원해 헌병대를 확충하는 방안을 안출했다. 이것이 한국인 헌병보조원 제도다.

한국인이 한국인을 때려잡게 하자?

대한제국 재정으로 헌병대 보조 인력을 확충하기로 결정한 지 넉 달여 뒤인 1908년 6월 11일에 헌병보조원 모집에 관한 칙령이 공포되었다.

> "폭도의 진압과 안녕질서를 유지하기 위해 헌병보조원을 모집하여 한국주차일본헌병대에 의탁한다."
>
> - 대한제국 칙령 제31호 '헌병보조원 모집에 관한 건' 제1조

재정적 필요 외에, 한국인 헌병보조원을 앞세워 한국인 의병을 진압한다는 '이이제이' 전략도 제도 창설에 영향을 줬다. 칙령 제31호 1조는 '폭도', 즉 의병을 진압하는 것이 한국인 보조원 모집의 핵심 사유 중 하나였음을 보여주는 규정이다. 헌병보조원 제도는 한국의 인력과 한국의 재정으로 운영되는 제도였다. 그런데 이렇게 구성된 헌병보조원을 일본헌병대에 소속시킨다고 규정했다. 한국인을 착취하는 제도라는 점이 여기서도 드러난다.

1908년에 모집된 헌병보조원은 4,234명이었다. 한국 주둔 일본군 헌병 6,632명의 63.8%가 한국인 보조원으로 채워진 것이다. 1907년에 797명이었던 일본군 헌병대 병력은 1년 만에 6,632명으로 늘었다. 한국인을 충원하여 1년 사이에 무려 8배나 급증했던 것이다.

이렇게 출발해 1910년 8월 29일 이후의 일제강점기로 넘어간 헌병보조원 제도는 식민지 한국인들의 원성을 부르는 원인이 됐다. 일본의 부추김을 받은 헌병보조원들은 독립운동가들만 탄압하는 게 아니라 일반인들까지 멋대로 탄압하고 온갖 행패를 부렸다. 1919년 3·1운동 뒤에 일본이 헌병경찰 제도를 신속히 손본 데는 다 이유가 있었다. 일본도 헌병보조원들에 대한 민초들의 원성을 잘 알고 있었던 것이다.

3·1운동 뒤에 사망한 헌병보조원

악랄하게 한국인을 괴롭힌 헌병보조원으로 악명을 떨친 조성엽은 언제 태어났는지는 알 수 없고 1919년 9월 13일에 사망한 사실만 확인된다. 1919년 3월에 평안북도 의주군 고령삭면 헌병주재소의 헌병보조원으로 근무했고 1919년 3월 30일 만세시위 당시 헌병보조원이었으며, 그해 9월 13일에 사망했다.

기록으로 확인된 프로필은 단출하지만, 그가 초래한 원성만큼은 하늘을 찌를 듯했다. 의주에서 시위를 하던 5명을 총으로 쏘아 죽였다는 「독립신문」 기사는 이를 잘 보여준다.

> "작년 3월 30일 의주군 고령삭면 영산시장에서 시위운동이 기起하였을 시時에 장인국, 김석운, 황수정, 허창준, 백성아 등 5명이 적경賊警에게 총살을 당하였었는데 당시 방총放銃한 자는 적의 충견 보조원 조성엽이란 자라." [40]

헌병이 아니라 점령군이라 불러야 할 만행들

3·1운동 때 일본군과 함께 헌병보조원들이 벌인 만행은 사전

---

[40] 1920년 4월 20일자 「독립신문」 참조.

에 훈련된 것이나 마찬가지였다. 이들은 대한제국 멸망 전부터 한 국통감부의 묵인하에 악행을 자행했다. 다음과 같은 헌병보조원들의 행태는 기가 막힐 정도다.[41]

- 농사에 쓰는 소를 멋대로 끌고 가버림.
- 수색을 한답시고 주민을 구타하다가 도망가는 아이들을 겁주려고 총을 쏨.
- 술집에서 술과 음식을 배터지게 먹고는 술집 주인을 때려죽임.
- 애먼 주민에게 '의병과 연관돼 있지 않느냐'며 트집을 잡아 돈과 재물을 강탈함.
- 시장 상인들의 영업을 방해해 50여 세대가 수입원을 잃고 아사 상태에 빠짐(황해도 금천군).
- 유부녀인 여성과 강제 결혼해 남편이 고소함.

이 정도면 헌병이 아니라 점령군 그 이상이었다. 이 때문에 사람들의 원성이 끊이지 않았다. 하지만 일제는 아랑곳하지 않았다. 대한제국을 무너트린 뒤에도 마찬가지였다.

---

[41] 『친일반민족행위진상규명보고서』 제3-2권이 「대한매일신보」를 토대로 열거한 자료에서 재인용.

"한국 병합 후인 1911년경 한국민 사이에서 헌병보조원의 불의에 분노하여 이를 지적하고 자신의 무죄를 호소하는 다수의 투서가 있었다고 한다. …… 이러한 반발에 대해 일제는 오히려 헌병보조원의 행위는 정당하고 헌병보조원에 대한 악평은 허구와 중상적 날조에 지나지 않는다며 귀를 기울이지 않았다." [42]

일제가 그렇게 만행을 묵인하고 방조한 결과가 3·1운동 시기에 조성엽 등의 만행으로 이어졌다. 한국인들의 생명과 재산을 아무렇지도 않게 생각하도록 '훈련'받은 결과로, 조성엽이 영산시장에서 5명을 사살하는 사건이 발생했다고 볼 수 있다.

헌병보조원들의 월급 수준은 얼마나 되었을까

헌병보조원들의 월급은 침식 제공 없이 원칙상 7원에서 16원이었다. 언어 특기자에게는 보너스가 있었다. 한국어 이외의 언어를 알면 1원에서 5원 이내의 특별수당이 추가로 지급됐다.[43]

독립운동가 조봉암은 회고록 『나의 정치백서』에서 "열여덟 살

---

[42] 『친일반민족행위진상규명보고서』 제3-2권

[43] 국권침탈 이듬해인 1911년 4월 8일에 제정된 조선총독부령 제45호 헌병보조원규정.

대한 독립 만세의 함성이 천지를 뒤흔들었던 3.1운동 당시의 모습들.

3.1운동 때 어느 거리의 모습. 조성엽은 평범한 장터에서 대한 독립 만세를 목 놓아 외치는 동포를 향해 총구를 들이댔다.

때에 월급 7원 받고 군청 고원雇員 노릇도 했습니다."라고 말했다. 조봉암은 1898년생으로 4년제 공립보통학교를 졸업하고 비인가 중학교급인 2년제 보습학교를 나왔다. 그런 그가 한국 나이 18세가 되는 1915년에 월급 7원을 받았다. 헌병보조원들의 월급은 많지는 않았지만, 일반 한국인들에 비하면 괜찮은 편이었다.

조성엽은 그런 친일 월급을 받아가면서 헌병보조원 생활을 했다. 그러다가 3·1운동 현장에서 일제에 대한 충성심을 과도하게 발휘해 총탄을 마구 발사해 사람들을 살해했다. 이는 결과적으로 자신의 목숨까지 단축시키는 결과로 이어졌다. 그로부터 6개월이 채 지나지 않은 그해 9월 13일 보복 공격을 받아 목숨을 잃었기 때문이다.

3 · 1운동 당시 도열해 있는 일본 군경.

3·1운동의 책임을 뒤집어쓰다

일제는 경찰력만으로는 의병을 진압할 수 없어 한국인들을 헌병보조원으로 만들었다. 그런 이토 히로부미의 정책이 악랄한 헌병보조원의 신화를 만들어냈다. 헌병보조원들은 의병 진압에 이어 3·1운동 진압에도 투입돼 한국인들의 공분을 샀다. 조성엽은 그런 식으로 이용당하다가 비참한 최후를 맞이했다.

일제 헌병과 헌병보조원들은 3·1운동을 초래한 원흉이라는 비판을 받았고, 이에 일제는 무단통치를 문화정치로 바꾸고 헌병경찰제를 보통경찰제로 바꾸는 방식으로 대응했다. 마치 헌병과 그 보조원들에게만 원인이 있었던 것 같은 느낌을 주는 조치였다. 그들이 악행을 저지른 것은 분명한 사실이지만, 더 큰 원인은 그들의 상부에 있었다. 그런데도 일제는 헌병보조원들의 권한을 약화시키는 방법으로만 수습책을 모색했다. 조성엽 같은 헌병보조원들은 이이제이의 도구로 쓰이는 데 그치지 않고 3·1운동의 책임을 뒤집어씌우는 데까지 활용됐다.

16

조선총독부가 조선귀족들에게
공짜 일본 관광을 시켜준 이유는?

작위, 술병, 은사공채도 받고 일왕의 "끔찍한 총애"도 받은 이기용

코로나 팬데믹 이후로 역대급 엔저가 나타났다. 1990년 이후 30여 년 만의 역대급 엔저가 이어지면서 원화를 값싼 엔화로 바꾸는 사람들이 늘었다. 이로 인해, 코로나가 잦아든 뒤에 한국인의 일본 관광이 증가했다.[44] 지금으로부터 100여 년 전에는 반대로 '역대급 한저韓低'가 한국인들을 현해탄 너머로 실어 날랐다.

---

[44] 일본정부관광국이 2023년 11월 15일 발표한 추계치에 따르면, 2023년 10월에 일본을 방문한 외국인은 251만 6,500명이고 한국인은 그중 25.1%인 63만 1,100명이다. 전체 외국인 숫자는 코로나19 직전인 2019년 10월보다 0.8% 증가한 데 비해, 한국인 숫자는 무려 219.9%나 증가했다. 엔저가 한국인들을 일본으로 실어 날랐음을 보여주는 통계치다.

한국 화폐의 가치뿐 아니라 한국의 국운이 바닥을 쳤다는 의미의 '한저'가 그런 현상을 낳을 때가 있었던 것이다.

대한제국의 국운이 곤두박질하던 1909년 4월 11일, 90여 명의 한국인이 지금의 서울역인 남대문역에서 대대적인 환송을 받으며 일본 여행길에 나섰다. 이토 히로부미가 만든 한국통감부 기관지를 모체로 하는 경성일보사가 모집한 제1회 일본관광단이었다.

가쓰라 · 태프트 밀약의 장본인을 만나는 여행 코스

1회가 성공적이었던지 2회 일본관광단도 있었다. 1910년 4월에는 제2회 일본관광단이 일본 여행길에 올랐다. 거기에는 친일파 박기순이 끼어 있었는데, 그는 히로시마 해군 공장을 보고는 "혼백이 자빠지고 신神이 놀랄 만하다."며 감탄했다.[45] 그리고 '관광단'이라는 이름으로 전국적으로 일본 관광 붐이 일어났다.

'한저'에 편승해 일본이 부추긴 이런 관광 붐은 대한제국 멸망 두 달 뒤인 1910년 10월에는 '조선귀족 일본관광단' 구성으로 이어졌다. 대한제국에서 떵떵거리면서 가장 많은 혜택을 누리던 이들이 대한제국이 망하자마자 단체로 일본 여행을 떠났던 것이다.

---

[45] 2005년에 「동양학」 제37집에 실린 박양신 당시 단국대 연구교수의 논문 '일본의 한국병합을 즈음한 일본관광단과 그 성격'은 대한제국 멸망 4개월 전인 1910년 4월의 제2회 일본관광단에 관한 이야기를 들려준다.

이 관광 대열에 합류했던 조선귀족 관광객 64명 중에 21세의 젊은 친일파 이기용이 들어 있었다. 1910년에 출판된 『조선귀족 관광단』 등의 자료를 인용한 이기용의 일본 관광에 관한 보고서를 읽어보자.

> "1910년 10월 23일부터 11월 26일까지 조선귀족 관광단 64명이 시모노세키·나고야·도쿄·하코네·닛코·교토 등을 방문하였는데, 특히 도쿄에서는 일본 천황을 비롯한 황족과 가츠라 수상을 비롯한 조야 인사들의 환대를 받았으며, 이토오 묘소에 참배하기도 하였다. …… 이기용은 10월 24일 서울에서 출발하였다." [46]

'가츠라 수상'은 1905년 7월 29일 '미국은 일본의 한국 지배를 용인하고, 일본은 미국의 필리핀 지배를 용인한다'는 밀약을 4년 뒤 대통령이 될 윌리엄 태프트William Taft 전쟁부 장관과 체결한 가쓰라 다로桂太郎 총리다. 대한제국 특권층들이 가쓰라-태프트 밀약의 주인공을 대한제국 멸망 직후에 일본까지 찾아가서 만나 보고, 전년도 10월 26일에 죽은 이토 히로부미 묘소에도 찾아가 참배를 했던 것이다.

---

[46] 『친일반민족행위진상규명보고서』 제4-12권 참조.

"보잘것없는 경성에 와 사시니 불쌍하시다"

일본이 한국 강점 전후에 관광 이벤트를 벌인 것은 특권층의 환심을 사서 한국 지배를 안정시키기 위해서였다. 일본 측이 관광단에게 보여준 곳은 해군 공장, 제철소 등의 선진 공장 시설이었다. 정교하게 짠 코스였다. "혼백이 자빠지고 신神이 놀랄 만"한 곳들을 선별적으로 보여줌으로써 '제국'으로 성장한 일본의 힘을 과시하는 동시에, 교토 등 잘 정돈된 고도古都의 사적을 보여줌으로써 일본의 역사와 문화를 자랑하기 위해서였던 것이다.

> "일본 측은 관광단이 가는 곳마다 자연발생적이라고 보기에는 무리가 있을 정도로 다수의 사람들을 동원하여 대대적인 환영 행사를 벌임으로써 한국인의 인정에까지 영향을 미치고자 세심한 주의를 기울였다. 관광단원들은 일본의 문명 앞에 압도되었으며, 평생 처음으로 받아보는 열렬한 환영에 일본인들이 진심으로 자신들을 반기고 한국을 도와주려 한다고 생각하게 되었다. 그래서 귀국 후는 대개가 입을 모아 일본의 진심과 지도를 역설하며 다녔던 것이다." [47]

---

[47] 2005년에 「동양학」 제37집에 실린 박양신 당시 단국대 연구교수의 논문 '일본의 한국병합을 즈음한 일본관광단과 그 성격' 참조.

이 관광단에는 양반가 부인들과 대궐의 상궁들도 포함돼 있었다. 총독부는 이 관광단을 위해 여행도 주관하고 비용도 전액 부담했다. 한국 귀족들에게 공짜 관광을 제공했던 것이다. 이것이 얼마나 가성비 높은 비용 지출이었는지는 을사오적 이지용의 부인 이옥경이 여행 후에 보여준 행동에서 압축적으로 드러난다. 이옥경은 한국에 거주하는 일본 여성에게 "그런 나라에서 이처럼 보잘것없는 경성에 와서 살고 계시니 불쌍하다."는 취지의 말을 했다고 한다.[48]

조선황족, 일본귀족의 직무를 성실히 수행하다

이기용은 일본으로부터 많은 것을 받았다. 1910년 10월에 자작 작위를 받은 그가 일본 여행 때 일왕이 주는 주병酒甁을 받고 돌아왔으며, 훗날 일왕의 "끔찍한 총애"를 받는다는 평가를 받았다. 그때 받은 술병도 그런 증거가 됐을 것이다.

주병을 받은 직후인 1911년 1월 13일, 그에게는 평생의 생활자금이 뚝 떨어졌다. 일본 정부로부터 3만 원의 은사공채를 받은 것이다. 은사공채에서 발생하는 이자로도 충분히 생활할 수 있었다. 친일재산부터 한몫 단단히 챙겨둔 상태에서 친일파의 길을 본

---

[48] 앞의 박양신 논문에 인용된 1910년 10월 26일자 「요미우리신문」 재인용.

이기용.

격적으로 걸었던 것이다.

이기용은 고종 황제의 조카뻘이었다. 대한제국에서 황족 신분을 누렸던 이기용은 공짜 여행과 주병과 은사공채 등을 받은 뒤로는 일본귀족의 책무를 성실히 이행해나갔다. 1911년 8월 29일자 「매일신보」에 '공축恭祝 일한합병 1주년 기념'을 실어 식민 지배를 찬양했다. 황족 출신이 기고하는 이런 글이 일본의 한국 지배에 매우 유용하게 활용됐으리라는 점은 두말할 필요도 없다.

그는 옛 황족이자 현 귀족인 지위를 활용해 한국인들을 친일로 결집시키는 데 앞장섰다. 1917년에는 친일 불교단체인 불교옹호회의 고문을 맡았고, 1925년에는 일왕에 대한 조선 특권층의 충성을 끌어내기 위한 조선귀족회의 이사를 맡았다. 1937년에는 지도층과 기업인들을 중심으로 하는 조선국방협회 설립도 주도했다. 태평양전쟁이 한창이던 1943년 10월 15일에는 「경성일보」에 학도들의 총궐기를 촉구하는 기고문을 실었다.

이기용은 1889년생이므로 대한제국 멸망 당시 21세였다. 젊은 나이에 일본귀족이 됐기 때문에 함께 귀족 작위를 받은 대다수 친일파들과 달리 일제강점기 막판까지 생존해 있었다. 이기용은 1910년 10월에 작위를 받은 이들 가운데 후작 이해승(1890~1958)과 함께 해방 이후까지 생존한 인물이기도 하다.

1910년과 1945년 사이, 그리고 젊은 귀족의 '불편한 해방'

이기용은 해방 4개월 전인 1945년 4월에는 일본 제국의회 귀족원 의원이 되고 7월에는 국민의용대 조선총사령부에 참여했다. 그런 뒤 8월 15일에 '불편한 해방'을 맞이했다. 1948년 1월 18일, 국회 반민특위(반민족행위특별조사위원회)가 친일파 체포에 나섰다. 58세의 이기용은 정동 자택에서 순순히 체포되어 서대문경찰서에 구금되었다. 「경향신문」은 '친일파 속속 단두대로'라는 제목으로 이를 보도했다.

> "왜제의 끔찍한 총애를 받던 이기용을 정동 자택에서 무난히 체포하여 서대문경찰서에 구금했다." [49]

---

[49] 1948년 1월 20일자 「경향신문」 참조.

반민특위 재판부는 징역 2년 6월과 재산 절반 몰수를 선고했다. 하지만 형집행은 정지되고 이기용은 보석으로 풀려났다.

1910년에 공짜 관광을 다녀온 사람들은 일본의 힘에 놀라 감탄사를 발하며 친일의 길을 밟아나갔다. 그 관광단의 일원이었던 이기용은 35년 후에 일제 패망을 목격하고 그 뒤 반민특위에 체포되었다. 1910년 관광 당시에 나이가 어렸기에, 그 여행에서 본 것들이 허상이었음을 깨달을 기회도 있었던 것이다.

참고로, 귀족 관광단 일원으로 자작 이기용이 일본을 여행한 지 113년 만인 2023년 11월 22일, 서울중앙지방법원은 이기용의 후손 두 명에게 각각 1억 400여만 원의 부당이득금을 국가에 반환하라는 판결을 내렸다. 보도에 따르면, 이기용 후손이 보유한 토지는 경기도 남양주시 이패동에 있다. 법원은 이기용의 유산이 친일 행위의 대가였음을 인정한 것이었다.

17

조봉암, 박헌영, 안창호를 체포한 악독한 친일 경찰

반민특위에서 유일하게 사형선고를 받은 김덕기

국회 반민특위의 친일청산은 허무하게 무산됐다. 반민법에 근거한 반민특위의 활동은 "1951년 2월 2대 국회의 의결과 이승만 대통령의 공포에 의하여 반민법과 관련된 모든 판결을 무효화하는 법률이 제정되어 그 효력이 없어졌다."[50]

하지만 단 한 명도 처벌을 받지 않은 것은 당연히 아니다. 친일청산이 그렇게 무효가 되기 전까지 잠깐이나마 '옥고'를 치른 친일파들이 있다. 개중에는 사형선고까지 받은 경우도 있다. 사형선고

---

[50] 『친일반민족행위진상규명보고서』 제3-1권 참조.

를 받은 것은 단 한 사람, 친일 경찰 김덕기다.

혼자만 사형선고를 받았다고 해서 유일한 최악질 친일파였다고 말할 수는 없다. 김덕기가 사형을 선고받은 날은 1949년 7월 1일이었다. 이 시점은 친일파 시위대가 국회 앞에서 시위를 벌이고 (6.2) 반민특위를 공격하고(6.3) 경찰이 반민특위를 습격(6.6)하는 일련의 사건이 이어지던 때였다. 반민특위가 무력화된 뒤였기 때문에 최악질 친일파들을 추가로 체포하고 그들에게 사형을 선고하기 힘들었다. 최악질 친일파들이 법의 심판대에 제대로 올려지지도 않았기 때문에, 김덕기가 유일하게 사형선고를 받았다고 해서 그의 죄질이 가장 나빴다고 말하기는 곤란하다.

하지만 반민특위가 무력화돼 친일파에게 유리한 국면이 조성된 뒤였다. 그런 상태에서도 김덕기 홀로 사형선고를 받았다. 이렇게 된 데는 이유가 있었다. '유일한 최악질'이라고는 말하기는 힘들어도, 사형을 받을 만한 최악질이었다고는 할 수 있었다.

조선팔도를 누비다

김덕기는 청일전쟁의 결과로 일본이 조선을 장악하기 4년 전인 1890년에 강원도 양양에서 태어났다. 조선총독부 설치 이듬해인 1911년에 관립 한성외국어학교를 졸업한 그는 1913년 23세 나이로 일제 경찰에 발을 들였다. 이때부터 55세 때인 1945년까지 일왕의 녹봉을 받았다. 32년간 안정적으로 친일재산을 따박따박 축

김덕기.

적했던 것이다.

순사보에서 시작한 그는 순사-경부보-경부를 거쳐 경시까지 승진했다. 37세인 1927년에 평북경찰부 고등경찰과장이 됐다. '성공'한 친일 경찰의 반열에 들었던 것이다. 경찰 생활을 하는 동안 그는 강원도에서도 근무하고 평북에서도 근무하고 압록강 너머에서도 근무했다. 경부로 승진해 평북경찰서에 근무한 1922년 8월부터는 관동청 단둥경찰서 경부도 겸직했다. 관동청은 일제가 뤼순(여순)·다롄(대련) 조차지租借地와 남만주 철도를 지키기 위해 설치한 기관이었다. 평안북도에서 근무하면서 관동청 관할인 단둥(안동) 경찰도 겸했으니, 독립군들이 오가는 길목을 다니며 활동한셈이다.

44세 때인 1934년, 그는 행정관료로 전업해 전라북도 내무부

산업과장이 됐다. 그 뒤 함경남도, 평안북도, 경상남도에서도 근무했다. 경찰 시절에 평안북도와 압록강 이북을 오간 이력까지 감안하면 한반도의 남쪽 끝에서 북쪽 끝까지 누빈 것이니, 활동 범위가 꽤 넓었던 셈이다. 마지막 근무지가 38선 이북이었다면, 북한에서 친일청산의 대상이 됐거나 월남을 했을지도 모른다. 그는 부지사급인 평북 참여관과 경북 참여관을 지냈다. 경찰 순사보로 시작해 고위급 행정관료까지 승진했던 것이다.

독립운동가를 체포하지 않고 총으로 쏘아 죽이다

김덕기의 근무지를 면밀하게 살펴볼 필요가 있다. 11년간의 관료 시절에는 전북-함남-평북-경남에서 근무했다. 한반도를 오르내리는 식으로 임지가 변경됐던 것이다. 반면, 그 이전 21년간의 경찰 시절에는 강원도에서 7년 근무하고 평북에서 14년 근무했다. 평북에 있는 동안에 관동청 경찰도 겸했다. 이는 독립군이 오가는 곳의 일본 경찰이 그를 오랫동안 필요로 했음을 보여준다. 유일한 반민특위 사형수가 된 것은 이 시절에 그가 독립운동에 타격을 줬기 때문이었다.

그의 반민족행위가 경찰 시절에만 있었던 것은 아니다. 행정관료 시절에는 시국강연회 등을 통해 내선일체 이념을 전파했다. 그렇지만, 오랫동안 평북경찰을 한 데서 나타나듯이 그는 그곳을 무대로 하는 독립운동가 검거에서 혁혁한 기록을 남겼다. 김덕기는 1949년 2월 8일에 경춘선 마석역에서 반민특위에 체포되었다. 그로부터 한 달여 뒤의 「경향신문」 기사를 보자.

> "그가 검거한 사건 수는 무려 1천 건. 그중 9.6퍼센트가 사형, 9.4퍼센트가 무기징역, 10퍼센트가 10년 이상 징역, 71퍼센트가 1년 이상 징역이라고 한다." [51]

김덕기가 검거한 사람의 10명 중 1명은 사형됐는데, 총 검거자 수가 무려 1,000명을 넘었다. 주로 독립운동 수사를 맡은 점을 감안하면 그의 손에 의해 얼마나 많은 독립투사들이 희생됐을지 짐작할 수 있다. 위 기사는 이렇게 말한다.

> "그에게 체포된 혁명투사를 보면 오동진 창의단 단장, 편강렬 의사, 평북 낭림대장 장창헌 외 3명은 김덕기 자신이 무장 경관을 대동하고 현장에서 사살! 그 외에도 전 농림장관 조봉암, 박헌영, 고 안창호 제씨諸氏 등도 그가 체포하였다 한다."

김덕기는 독립운동가들을 재판에 넘겨 사형을 받게 한 일도 많지만, 현장에서 그냥 살해하기도 했다. 무장 경관들을 대동했을

---

[51] 1949년 3월 11일자 「경향신문」 '김덕기의 악질 죄상' 참조.

독립운동가 오동진.

테니 얼마든지 힘으로 제압해 체포할 수 있었을 텐데도, 일부러 현장에서 죽여버리고 적당히 둘러대기도 했던 것으로 보인다.

김원봉에게도 타격을 입히다

김덕기는 1923년에는 국내로 폭탄을 반입하던 의열단 단원들을 체포했다. 의열단 지도자 김원봉에게도 큰 타격을 입혔던 것이다. 이 일로 1924년 8월 '경찰관리 공로기장'을 받았다. 이 훈장은 『친일인명사전』에 따르면 "조선 총독이 주는 경찰 최고의 훈장"이었다.

그가 1927년에 체포한 거물급 독립운동가 오동진은 무기징역형을 받고 17년 간 모진 옥고를 겪다가 1944년 감옥에서 순국했다.

반민특위에 체포된 직후에 김덕기는 오동진을 옥사에 이르게 만든 책임이 있다는 비판을 받았다. 김덕기가 검거되자 「동아일보」는 "우리 오동진 의사를 체포하여 옥사케" 한 인물이라고 보도했다.[52] 하지만 김덕기는 그해 5월 2일 제2차 공판 때 오동진 체포를 취급하지는 않았지만 경찰 상부에 있었으니 책임을 지겠다고 답했다.[53] 오동진이 순국한 데 대한 책임이 없음은 물론이고 체포도 직접 하지 않았다는 말을 그렇게 했던 것이다.

허위 제보로 안창호 체포 작전을 벌이다

김덕기는 아무 근거도 없이 도산 안창호를 공산주의자로 몰아 체포를 시도하기도 했다. 중국에서 대중 강연회를 여는 안창호를 중국 정부의 힘을 빌려 체포하고자 그런 거짓 제보를 했던 것이다. 김덕기는 중국 지린성(길림성) 헌병사령관에게 "길림에 한국인 공산당 500여 명이 집합한다니 잡아주오"라며 "놈들은 당신네 만주를 뒤덮으려는 놈들이요"라고 허위 제보를 했다.[54] 이렇게 제보하여 중국군이 독립투사들을 체포하면 일본으로 신병을 인도

---

[52] 1949년 2월 10일자 「동아일보」 기사 참조.

[53] 1949년 5월 8일자 「조선일보」 2면 우상단 기사 참조.

[54] 『친일반민족행위진상규명보고서』 제4-2권에 인용된 1959년 7월 8일자 「국민보」 기사 재인용.

받으려 했던 것이다. 그때 실제로 안창호는 체포됐다. 하지만 중국 정부가 뒤늦게 상황을 파악한 덕분에 김덕기의 작전은 무산됐다. 중국 정부를 속여 신병 인도를 받으려던 김덕기의 치졸한 구상은 실패로 끝났다.

"사형!" 검사의 구형에 우레 같은 박수가 터지다

독립운동을 훼방 놓은 김덕기에 대해 검찰은 1949년 6월 3일에 사형을 구형했다. 친일 극우세력이 친일청산을 훼방 놓던 시기에 검사가 준엄하게 사형을 구형했던 것이다. 그러자 방청석에서는 우레 같은 박수가 터졌다.

> "이때 마침 방청하고 있던 방청객들은 사형 구형이 내리자 민족정기는 살아 있다는 듯이 일제히 우레 같은 박수로 법정 내를 진동케 하였다." [55]

한 달여 뒤인 1949년 7월 1일, 재판부는 검사의 구형을 그대로 받아들여 김덕기에게 사형을 선고했다. 친일파에 대한 유일한 사형선고였다. 이승만 정권이 1950년에 풀어주기 전까지 그는 한동

---

[55] 1949년 6월 4일자 「조선일보」 기사 참조.

안 사형수로 살아야 했다. 김덕기는 수많은 독립운동가들을 직접 죽이거나 죽음으로 내몬 일 때문에 사형선고를 받았다. 하지만 수많은 친일파 가운데 김덕기만 사형선고를 받은 것은 누가 봐도 불공정했다. 김덕기는 친일청산의 부조리와 불공정을 체험한 증인이었다.

일제의 떡고물이 참 좋았던,
어느 친일파의 50년

일본이 굳이 권하지 않았지만 자청해서 친일을 한 박영철

일본이 굳이 권하지 않았는데 친일파가 되기를 자처한 사람도 있다. 그중에서 정도가 특히 심한 사람이 있었다. 일본이 너무나 좋아서 부모님 몰래 바다를 건너기까지 했던 박영철(1879~1939)이 그 주인공이다.

1929년 10월 16일 발행된 「조선일보」 광고란에 2원 50전짜리 책한 권이 소개돼 있다. "50년의 회고"와 "다산 박영철씨 저"라는 문구와 함께 소개된 자서전이다. 이 책을 토대로 그의 행적을 정리해보면, 박영철은 강화도조약 3년 뒤인 1879년 2월 2일에 전북에서 태어났다. 아버지는 미곡상이었으며 사회적 지위는 평민 수준이었다.

일본을 좋아하게 된 이유

박영철의 집안이 일어난 계기는 강화도조약에 따른 대일 시장 개방이었다.

> "아버지가 경영하는 미곡상은 개항 이후 일본으로의 미곡 수출에 따른 호경기에 힘입어 계속 번창하여 한말에 이르러서는 상당한 토지를 사모아 지주 계급으로 일어설 수 있었으며 1920년대에 가서는 만석꾼으로 불릴 정도에 이르렀다." [56]

농업경제시대의 '지주'는 지금으로 치면 '사장'과 '건물주'를 합한 개념이다. 대일 미곡 수출이 박영철 집안의 경제적 지위를 획기적으로 변모시켰던 것이다.

박영철의 집안은 원래 양반이었으나 점차 가세가 기울어 부친 대에는 중인이나 평민과 다름없는 처지였다. 그의 집안을 소개한 글을 읽어보자.

> "박영철은 조선 중기의 유학자 화담 서경덕의 문인인 사암 박순의 후손으로 본래는 양반이었으나 점차 가세가 기울어 그의

---

[56] 『친일파 99인』 제2권 박영철 편 참조.

부친 박기순(1857~1935) 대에 이르러서는 중인 또는 평민과 다름 없는 처지가 되었다." [57]

이랬던 집안이 대일 시장개방으로 급격히 일어나던 것이다.

이에 더해, 박영철이 일본에 호의적이 된 또 다른 계기가 있다. 10대 중반까지 서당에서 한문을 배웠던 그가 20세 때인 1899년에 일본어를 배우게 된 일이다. 일본인들이 전주에 세운 삼남학당에서 일본과의 인연이 본격화됐다. 일본이 1894년 청일전쟁에 승리해 동아시아 최강국으로 부상한 뒤에 일본어를 공부하게 됐던 것이다. 이 일은 그가 일본으로 확 빨려 들어가는 결정적 전환점이 되었다. 삼남학당에서 만난 일본인들의 권유로 박영철은 부모 몰래 일본으로 떠났다. 1900년의 일이었다. 일본이 좋아서 몰래 바다까지 건너갔던 것이다.

유학을 떠난 그는 1903년 11월에 일본 육사를 졸업하고 견습 장교가 됐다. 1904년 2월 러일전쟁이 발발하자 여기에 참전했다. 25세 때부터 친일파의 길을 걷게 된 것이다. 일본이 청일전쟁에 이어 러일전쟁까지 이기는 것을 확인한 뒤에 친일파가 된 사람들이 많았다. 매국노의 대명사인 이완용도 그랬다. 이런 점을 감안

---

[57] 2011년 12월 국립문화재연구소가 발행한 『문화재』에 실린 미술사학자 김상엽의 논문 「고 박영철씨 기증 서화류 전관(展觀) 목록'을 통해 본 다산 박영철 (1879~1939)의 수장 활동」 참조.

하면, 러일전쟁의 승패가 판가름 나기 전에 일본군에 가담한 박영철은 상당히 일찍 친일파가 된 편이다.

대한제국 군대 해산이 슬프지 않았던 이유

그런데 그는 가족 몰래 도일하기까지 했지만, 일본에서 기반을 잡기보다는 대한제국에서 활동하는 쪽을 택했다. 러일전쟁 참전 직후, 일본의 힘을 배경으로 대한제국 군대에 정착하게 된다. 1904년 3월 대한제국 육군 기병 참위(대위)로 임관했고, 강압에 의한 군대 해산 뒤인 1907년 10월에는 대한제국 황제를 경호하는 시종무관이 됐다.

군대 해산 당시 수많은 군인들이 군대 해산을 거부하며 의병이 되거나 자진 순국을 했다. 박영철은 그렇게 하지 않았다. 그래서 군대 해산 조칙이 발표된 석 달 뒤에 시종무관이 될 수 있었다. 을사늑약 이전인 1904년 12월에 이미 일본의 훈장을 받은 그였다. 그에게는 대한제국 군대 해산이 슬플 이유가 하나도 없었다.

박영철은 국권 침탈 2년 뒤인 1912년에 군인에서 행정 관료로 변신했다. 일본 헌병대 사령관에게 부탁해 그해 9월 전북 익산군수로 취임했다. 1924년에는 강원도지사가 되고 1926년에는 함경도지사가 되었다.

그의 전업은 1929년에도 있었다. 식민지 하에서 한국인이 올라갈 수 있는 최상위 관직까지 승진한 그는 이번에는 산업계로 이직

1907년 8월 1일, 대한제국군 시위대(侍衛隊)의 봉기를 진압하고 병영을 점령한 일본군의 모습.

했다. 식민지 수탈 기구인 동양척식주식회사의 감사가 되고, 아버지가 경영하는 삼남은행의 두취(은행장)가 되고, 그 뒤 각종 기업의 임원이 됐다. 미곡창고주식회사·조선철도주식회사·조선신탁주식회사·조선맥주주식회사 등의 취체역(이사)으로도 활동했다.

서울대 박물관의 기초를 제공

직업은 바뀌었지만, 그의 인생 기조는 바뀌지 않았다. 항상 친일의 길에서 이탈하지 않았다. 1933년 6월에는 '친일파 명예의 전당'인 중추원 참의에 임명됐다. 매년 1,800원의 수당이 나오는 이

직책은 1939년에 그가 죽을 때까지 유지됐다. 『친일재산 조사 4년의 발자취』는 박영철이 받은 금전적 혜택으로, 1910년부터 2년간 일본군 소좌(소령)로 부역하면서 받은 750~850원의 연봉, 1908년에 러일전쟁 종군기념장과 함께 받은 은사금 500원, 익산군수 때부터 함북지사 때까지 받은 1,000~6,000원의 연봉, 중추원 참의 시절 받은 연수당 1,800원을 열거한다. 그런 뒤, 국가에 귀속시켜야 할 재산으로 시가 3,211만 원 상당의 전북 완주군 화산면 운곡리 부동산만 제시했다.

하지만 박영철이 입은 수혜는 이 정도가 아니었다. 일본의 힘을 배경으로 1904년 3월부터 대한제국 장교로 근무했고, 동일한 배경에 힘입어 1929년부터 재계 활동을 했다. 1910년 이전과 1929년 이후의 수입도 친일재산 범주에 넣어야 맞다.

또한 박영철은 일제강점기의 주요 미술품 수장가였다. 박영철 사후에 그의 수장품을 경성제국대학에 기증하여 서울대학교 박물관의 기초가 마련되었다. 그가 수집한 미술품을 상대로도 친일행위와의 연관성을 검토하는 게 타당하다.

중일전쟁 때는 돈과 금을 바치다

박영철은 1937년 중일전쟁 발발 직후에 국방헌금 1만 원을 헌납했다. 당시 도지사 연봉인 6,000원을 훨씬 넘는 거액이었다. 1938년에는 가지고 있던 금붙이도 기꺼이 내놓았다. 금컵 2개, 금줄 1개, 금비녀 1개, 금단추 1벌 등이었다. 이런 예에서 볼 수 있듯이 그는 아낌없이 일본에게 바쳤다. 자신이 받은 것이 적지 않았기 때문일 것이다.

그가 일본의 혜택을 많이 받았다는 점은 한국인들을 상대로 협박성 글을 발표한 데서도 나타난다. 1919년 3·1운동 때 「매일신보」에 기고한 글을 통해 한국인들에게 다음과 같은 경고의 메시지를 보냈다.

> "한국이 독립해봤자 "구舊한국 악정의 상태로 돌아갈 뿐이다. …… (2년 전에 볼셰비키 혁명을 겪은) 러시아의 현상과 같은 비참한 지경에 빠질 뿐이다." [58]

그는 불만이 있으면 합법적으로 탄원하라면서, 만세 시위로 남의 영업을 방해하는 등의 행위를 하면 각처의 일본군이 "용서 없이 병력을 쓰기로" 돼 있다는 협박도 서슴지 않았다.

박영철의 '일본 사랑'은 정말 대단했다. 도쿄에서 집필한 '내선융화책 사건'이라는 글에서는 '조선인은 무능하기 때문에 자립할 수 없으므로 일본에 의존할 수밖에 없으며, 일본도 이런 조선에 대해 책임을 느껴야 한다'라며 한·일 두 민족의 융합을 촉구했다.

---

[58] 『친일파 99인』 제2권 박영철 편 참조.

박영철.

식민지 한국인들을 꾸짖고 일본의 분발을 촉구하는 방법으로 자신의 일본 사랑을 드러낸 것이다.

일제의 떡고물이 그리 좋더냐

일본 덕분에 한국이 근대화됐으며 일본과 융합해야 잘될 수 있다는 박영철의 주장은 오늘날 한국 극우세력에게서도 나온다. 하지만 박영철과 한국 극우가 간과한 사실이 있다. 일제 치하에서 혜택을 본 한국인들이 분명히 있었지만, 일제 식민 지배가 한국인 다수에게 혜택을 주는 것은 애당초 불가능했다는 점이다. 식민 지배는 기본적으로 일본 제국주의자들과 재벌 자본가들의 이익을 위한 것이었다. 그래서 식민지 한국의 대중은 처음부터 착취의 대상이 될 수밖에 없었다는 점을 그들은 간과하고 있다.

소수의 한국인에게 혜택이 돌아간 것은 사실이지만, 이는 이들의 협력 없이 한국을 지배하기 힘들었던 사정에 기인한다. 박영철과 식민지 근대화론자들은 자신들의 말을 알아듣지 못한다며 한국 대중을 답답해하지만, 사실은 그들이야말로 답답한 사람들이다. 소수의 한국인에게 혜택을 주면서 다수의 한국 대중을 착취한 일본의 큰 그림을 이해하지 못하는 사람들이다.

박영철이 누린 것은 실상은 일본 제국주의가 흘려준 떡고물이었다. 자신이 받아먹었던 모든 것이 떡고물에 지나지 않음을 깨닫지 못한 채 박영철은 1939년 3월 10일 세상을 떠났다. 사망 당일, 일본은 그에게 욱일중수장을 비롯한 훈장과 상품을 하사했다. 죽어서까지 받아먹은 '일제의 마지막 떡고물'이었다.

고급 밀정의 절규,
"조선총독부는 내 돈 내놔라!"

시베리아, 사할린, 도쿄를 무대로 오로지 돈을 위해 친일을 한 박병일

반민특위 체포 1호는 화신백화점 사장 박흥식이다. 그는 1949년 1월 8일 체포됐다. 이때 그가 내세운 변명 논리 중 하나는 "어쩔 수 없었다."는 것이었다. 해방 이듬해인 1946년에 자금 횡령 혐의로 법정에 섰을 때도 그랬다. 비행기 회사를 세워 일제 침략전쟁을 도운 이유가 뭐냐는 재판장의 질문에도 그렇게 답했다. 일제 당국의 계속되는 권유를 이기지 못해 어쩔 수 없이 했노라는 게 그의 답변이었다.

대부분의 친일파들은 박흥식과 비슷한 논리를 내세웠다. 하기 싫었지만 억지로 했다는 것이 이들의 일반적인 변명이다. 하지만 박병일의 삶은 그런 변명이 구차함을 잘 보여준다. 그는 돈을 벌기 위해 친일을 했다. 또 친일 때문에 손해 보는 것을 원치 않았다. 그는 이런 속내를 숨김없이 공개했다.

사업 실패 뒤 일본 돕는 길로

박병일은 강화도조약 2년 뒤인 1878년 7월 1일 경기도 광주에서 태어났다.[59] 그는 비교적 일찍 서양 문물을 접했다. 14세 때인 1892년에 한양에서 기독교청년학교를 졸업하고 사업가의 길에 들어섰다. 한양 종로에 사업장을 두고 잡화상과 금융업을 했다.

그러나 사업에 실패한 그는 1910년 국권 침탈 이후 사업 무대를 블라디보스토크로 옮겼다. 1917년 3월 시베리아로 이주했고 그 뒤 블라디보스토크에서 상업에 종사하면서 조선인연합민회 회장도 지냈다.[60] 39세 나이에 이국땅에서 새로운 삶을 개척한 것이다.

이국에서 새출발한 그의 삶에 동반된 것이 또 하나 있었다. 친일매국 행위가 그것이다. 블라디보스토크에서 펼쳐진 그의 사업은 일본을 돕는 일이었다. 박병일은 일본군이 시베리아에 출병하

---

[59] 박병일은 『친일반민족행위 진상규명보고서』 제4-6권과 일본 경찰 기록에는 박용환이란 이름으로 소개돼 있으며 『친일인명사전』과 일본 재판 기록인 「박병일 소송사건철」에는 박병일로 등장한다.

[60] 행정안전부 국가기록원 홈페이지에 수록된 「박병일 소송사건철」 참조.

자 일본군에게 식량과 군수품을 운반하거나 정보를 제공했다.[61]

제1차 세계대전 중인 1917년에 볼셰비키혁명이 일어나고 뒤이어 1918년 3월 러시아가 독일과 단독으로 강화했다. 그러자 일본·미국·영국·프랑스가 러시아를 상대로 간섭전쟁을 일으켰는데, 박병일은 그때 시베리아로 출병한 일본군을 도왔던 것이다. 그는 군수품 제공뿐 아니라 첩보 분야에서도 친일 활동을 펼쳤다. 1920년에는 블라디보스토크 조선인 촌락에서 주민이 독립군에게 자금을 제공하고 있다는 등의 정보를 주둔 일본군에 전했다.[62] 이런 인물이 1921년에 조선인연합민회 부회장도 하고 회장도 했다. 박병일 때문에 그 지역을 기반으로 한 항일투쟁이 얼마나 많은 타격을 입었을지 짐작할 수 있다. 현지에 기반을 둔 사회주의 항일조직인 한인사회당이 박병일을 습격한 적이 있는데, 그 배경을 이로부터 추론할 수 있다.

서울 총독부와도 커넥션

박병일과 일본의 커넥션은 시베리아 주둔 일본군과의 연계로 끝나지 않았다. 조선총독부 경무국장 마루야마 쓰루키치와도 커넥션이 있었다. 그는 이 관계를 지속하면서 현지 정보를 총독부

---

[61] 『친일인명사전』 제1권 박병일 편 참조.

[62] 위와 같은 곳 참조.

에 제공했다. 이 정도면 고급 밀정이 아니면 뭐라 불러야 하는가.

총독부 경찰 총수가 저 멀리 시베리아의 박병일과 직접 소통한 배경이 있다. 국내에서 일어난 3·1운동의 영향이 러시아 지역에까지 큰 영향을 미쳤기 때문이다. 심지어 러시아 지역 한인들은 국내진공작전을 추진했다. 그런 움직임을 포착한 일제는 바짝 긴장했고, 여기에 고급 밀정 박병일의 쓰임새가 있었던 것이다. 이와 관련하여 흥미로운 논문 한 대목을 읽어보자.

> "국내에서 전개된 3·1운동은 러시아 지역의 3·1운동 발발에도 많은 영향을 끼쳤을 뿐만 아니라 동포들의 민족의식 고양에도 큰 기여를 하였다. 아울러 3·1운동 전개 이후 러시아 지역의 한인들은 국내와 밀접한 연락 관계를 맺으면서 국내진공작전을 추진하였다. 이에 놀란 일제는 러시아 및 해외 지역의 항일운동을 철저히 탄압하고자 하였다." [63]

블라디보스토크로 처음 이주할 때는 어떤 마음이었는지 알 수 없지만, 그곳에 이주한 뒤로 박병일은 일본과 긴밀히 연계된 행적을 밟아나갔다. 그러므로 일본이 시베리아를 떠나자 불안감을 느끼지 않을 수 없었을 것이다. 1922년 말 시베리아에서 일본군이

---

[63] 2017년에 「한국민족운동사연구」 90에 수록된 박환 수원대 교수의 논문 '러시아혁명 이후 블라디보스토크 조선인거류민회의 조직과 활동' 참조.

철병하자 이듬해 1월 신변의 위협을 느끼고 사할린 진강으로 피신했다.

박병일은 서울 종로에서 사업에 실패해 시베리아로 이주했다. 시베리아에서도 실패해 사할린으로 옮겨갔다. 순수한 상업 경영으로 정면승부하지 않고 매국 행위로 돌파구를 뚫으려다 시베리아에서도 더 이상 버티지 못하게 됐던 것이다. 정상적인 사업으로 곳간을 채우는 대신에 일제에 빌붙어 손쉽게 돈을 벌려 한 자의 초상이다.

조선총독부는 내 돈 내놔라?

사할린으로 옮겨간 뒤로 박병일은 일본과 협력해 농지개척 사업을 벌였다. 그러다가 1930년대에 도쿄로 무대를 옮겼다. 사할린 활동도 10년을 넘기지 못했던 것이다. 그런데 도쿄에 거주한 이후의 박병일은 일반적인 친일파에게서 보기 힘든 이례적인 모습을 보인다. 조선총독부를 상대로 돈을 달라고 요구하는 소송을 벌이게 된 것이다. 「박병일 소송사건철」이라는 문서철이 작성된 것도 그 때문이었다.

시베리아 항일운동이 조선 본토에 영향을 주지 않도록 하고자 총독부가 시베리아 한국인들의 마음을 얻기 위해 벌인 사업이 있다. 한국인 구제사업 명목으로 식량 등을 제공하는 일이었다. 당시에 블라디보스토크 조선인연합민회 회장이었던 박병일도 그 사업에 참여했다. 이 사업 과정에서 그의 개인 자금도 들어갔다. 박병일 사건철에 따르면 약 2만 엔을 지출했다. 이 지출을 보상해달라고 일본 법원에 소송을 걸었던 것이다.

박병일이 소송을 할 당시, 유학생이 도쿄에서 한 달에 드는 생활비는 등록금을 제외하고 하숙비·점심값·책값·교통비·오락비·잡비 등을 합쳐서 대략 40엔이었다.[64] 박병일의 친일 행위로 발생한 금전 지출의 규모가 얼마나 엄청난 액수였는지 짐작할 수 있다. 이만한 돈을 들여 친일을 했다는 것은 그의 부역이 자발적이었음을 역설적으로 보여준다. 셈과 잇속에 밝은 사업가가 사업상 이익이 없다면 2만 엔이라는 거액을 왜 투자했겠는가. '친일이 이익'이라는 계산이 깔려 있었음을 느끼게 한다. 박병일의 소송은, 대부분의 친일파들 입에서 나온 '어쩔 수 없었다'는 말이 얼마나 공허한 변명에 불과한지를 여실히 보여준다.

일본을 위해 2만 엔 정도의 돈을 썼다면, 일본과의 협력으로 인해 얻게 된 사업상 이익도 당연히 있었다고 볼 수밖에 없다. 그의 사업이 일본의 보호를 받게 된 측면도 고려하지 않을 수 없다. 이런 점을 감안하면, 소송을 당한 총독부가 얼마나 황당했을지도 짐작할 수 있다. 이 소송은 볼썽사납게 끝나지는 않았다. 재판부의 화해 권유로 합의가 도출되어 박병일이 지출했다는 금액 중

---

[64] 1934년 2월 17일자 「동아일보」 6면 우상단 기사 참조.

에서 4,500엔을 총독부가 보전해주는 쪽으로 결론이 났다. 총독부는 1936년 6월까지 이 금액을 지급하기로 약속했다.

애초에 요구한 금액을 다 받아내지는 못했지만, 친일로 인한 금전 지출을 부분적으로나마 보전받았다. 그런 점에서 꽤 이례적인 친일파였다. 친일 활동을 하면서 금전출납 장부까지 꼼꼼하고 세심하게 기록하면서 주판알을 튕겼던 '계산적인 친일파'였던 셈이다. 그 뒤 박병일이 어떻게 됐는지는 알 수 없다. 사망 연도 역시 확인할 수 없다.

친일 조폭,
일본 국회의원까지 해먹다

깡패에서 기업인으로, 반일운동·농민운동·노동운동을 탄압한 박춘금

1945년 7월 24일 밤 9시 10분쯤, 부민관[65]에서 폭탄이 터졌다. 애국청년 조문기, 류만수, 강윤국이 친일파 박춘금 일당의 친일연설 도중 연단을 폭파했던 사건으로, 오늘날에는 이 건물 옆에 '부민관 폭파 의거 터'라고 적힌 비석이 놓여 그날의 사건을 증언하고 있다.

그날 친일 연설을 하고 있던 박춘금은 조직폭력배 출신 친일파

---

[65] 부민관(府民館)은 일제강점기 경성부가 1935년에 건립한 종합 공연시설이다. 훗날 미군정 건물, 국립극장, 국회의사당을 거쳐 1970년대에 시민회관으로 바뀌었다가 세종문화회관 건립 뒤에 그 별관이 됐다. 현재 서울시의회 청사다.

다. 깡패를 거쳐 기업인이 되고 친일파로 활약하더니 나중에는 일본 중의원 의원까지 됐다. 참으로 파란만장한 친일 이력의 주인공이다. 그런 박춘금을 처단하려 했던 18살의 애국청년 조문기(1927~2008)는 훗날 역사학자 임종국(1929~1989)의 뜻을 계승해 『친일인명사전』 편찬에 뛰어든 독립투사이기도 했다.

폭탄은 터졌지만 박춘금은 죽지 않았다. 하지만 거사에 실패한 것은 아니었다. 원래 목적이 인명을 살상하는 것이 아니었기 때문이었다. 애국청년 조문기는 이날 박춘금의 목숨을 거두지 않았지만, 조문기가 함께 참여해 만든 『친일인명사전』에는 당연히 박춘금의 이름이 들어갔다. 4쪽 분량으로 빽빽하게 친일 이력이 고발되고 역사적 의미의 사형선고가 내려졌으니, 결과적으로 조문기가 박춘금을 처단한 것과 진배없다.

박춘금이 죽은 지 몇 달 뒤에 「조선일보」는 부민관 폭파 사건의 배경을 전하는 기사를 실었다.[66] 기사를 읽어보자.

> "해방되기 20여 일 전인 1945년 7월 24일 지금 국회의사당인 경성부민관에서는 일-중-만-조선(-몽골)의 오족협화를 표방한 아시아민족분격대회가 있었다. …… 이 대회는 몇 달 전에 일본에서 죽은 친일파의 거물 박춘금이 이끄는 대의당大義黨이 주

---

[66] 1973년 7월 18일자 「조선일보」 4면 좌상단 기사 참조.

최한 친일파들의 발악 경연장이었다."

이것이 부민관 폭파 사건의 배경이었다. 기사에서 "몇 달 전에 일본에서 죽은"이란 표현은 1945년 당시가 아니라 1973년 당시를 기준으로 한다. 1973년 3월 31일에 박춘금이 죽은 일을 가리킨다.

폭력과 돈의 상관관계를 활용하다

박춘금은 동학혁명과 청일전쟁이 발발하기 3년 전인 1891년에 경남 양산에서 태어났다. 어린 시절을 보낸 곳은 양산과 서북쪽으로 인접한 밀양이었다. 당시 밀양은 독립운동가들이 유독 많이 배출된 지역이었다. 1898년에 태어난 약산 김원봉을 비롯해 이 시기에 출생한 밀양인들이 독립운동에 대거 투신했으니, 어린 시절 박춘금이 거리를 오가며 스쳤던 동년배들 중에 훗날의 독립운동가들도 있었을 수 있다.

박춘금은 14세 때인 1905년에 대구 병영 급사로 취직했다. 이 해는 을사늑약이 있었던 해다. 훗날 그의 삶을 바꾸게 될 일이 이로부터 2년 뒤 일어난다. 1907년 8월쯤에 그는 일본으로 건너가게 된다.

일본에서 처음에는 육체노동에 종사했다. 도쿄에서도 일하고 고베에서도 일했다. 토목 현장, 자동차 공장, 탄광 등을 찾아다녔다. 땀의 가치를 소중히 여기는 직업들에 종사했던 그는 얼마 뒤

땀의 가치를 낮게 평가하는 쪽으로 인생을 전환한다. 폭력배가 된 것이다. 그는 폭력과 돈의 상관관계를 활용했다. 폭력배 생활을 하면서 기업 활동에도 뛰어들고 교포사회에 대한 영향력도 확보했다. 나고야에서 조선인삼 판매업을 하다가 1917년 5월 나고야 조선인회 회장에 취임했다.[67] 이 시기의 그는 일본 극우단체인 흑룡회와도 친분을 맺고 있었다.

박춘금의 친일 행각이 본격화된 것은 1919년 3·1운동 이후다. 그는 일본인들과의 광범위한 네트워크를 발판으로 한국인들을 힘으로 억압했다. 이런 가운데, 1920년에 한국인 친목단체로 결성한 노동상구회勞動相救會와 이를 계승한 상애회相愛會를 한·일 양쪽으로 확산시키면서 10만 이상의 회원을 확보했다. 이를 발판으로 전개한 것이 청부폭력이다. 『친일인명사전』은 "조선과 일본을 오가며 반일운동과 농민운동·노동운동을 탄압하는 데 앞장섰다."고 말한다. 일본 자본과 국가권력의 이익을 위해 조직폭력 활동을 벌였던 것이다.

상애회의 설립 목표는 '민족적 차별관념 철폐와 일선융화의 철저화'였다. 민족적 차별을 철폐하는 게 아니라 차별 관념을 철폐하는 게 목표였다. 차별받고 있다는 관념을 없애겠다는 목표를 표면적으로 내세우면서 정작 벌인 활동은 조폭짓이었다.

---

[67] 『친일인명사전』 제2권 박춘금 편 참조.

김대중이 태어난 해에 김대중의 마을을 공격

"내가 자랄 때 하의도는 섬 전체가 일본인의 소작지였다." [68]

김대중 전 대통령이 1월 6일 전남 무안군 하의면에서 출생한 1924년에 문제의 박춘금이 이 섬을 공격했다. 하의도 농민운동을 탄압할 목적에서였다. 『친일인명사전』은 "같은 해 7월 전라남도 하의도에서 소작쟁의가 발생하자 상애회원들을 동원하여 청년회를 습격"했다면서 "1928년 2월에도 지주인 도쿠다의 요청으로 하의 농민회를 강제로 해산시켰다."고 설명한다.

박춘금은 일본 지배세력의 하수인이 되어 동족을 짓밟는 방법으로 살았다. 이것이 그에게는 돈벌이였다. 삶 자체가 친일이고, 가진 것 자체가 친일재산이었다. 그런데 그가 주먹으로만 친일을 한 것은 아니다. 강연 등의 방법도 동원됐다. 강연을 통해 한국인들의 지원병·학도병 가담을 권유했다. 부민관에서 조문기 등의 폭탄 세례를 받은 것도 '주먹으로 하는 친일'뿐 아니라 '말로 하는 친일'에도 가담한 결과였다.

1943년 11월, 「매일신보」 주최로 부민관에서 '학병 격려 대강연회'가 열렸다. 이때 박춘금은 한국인이 가야 할 길은 오로지 황민

[68] 『김대중 자서전』제1권 참조.

화뿐이라며 "4천이나 5천이 죽어 2천 5백만 민중이 잘된다면 이보다 더 좋은 일이 어디 또 있겠는가"라며 한국 청년들에게 그 '4천이나 5천' 중 하나가 될 것을 독려했다. 제국주의를 위한 순교까지 권장했던 것이다.

그렇게 번 돈으로 중의원 출마

박춘금은 폭력과 돈에 이어 이것들과 권력의 상관관계를 몸소 증명했다. 친일 폭력으로 자산을 축적한 그는 그 돈을 지원병훈련소 등에 기부하는 데도 썼지만, 일본 중의원 선거판에도 적지 않게 뿌렸다. 1932년에는 당선되고 1936년에는 낙선하고 1년 뒤 치러진 1937년 선거에서는 다시 당선되고 5년 만에 치러진 1942년 선거에서는 낙선했다. 박춘금은 "조선과 일본에서 축적한 자산을 포함한 거액을 사용하였다."[69] 친일 주먹질로 모은 돈을 도쿄 선거판에 뿌려댔던 것이다.

위 논문은 한국인인 그가 도쿄에서 중의원에 당선된 데는 일본의 정치적 이해관계가 크게 작용했다고 설명한다. 내선일체 성공 사례를 만들어 홍보하려는 일본 정부의 이해관계, 식민지 조선에서 기반을 잡은 일본인들의 이해관계가 맞물린 결과였다는 것이

---

[69] 2017년에 『일본어교육』 제81집에 실린 원지연 전남대 교수의 논문 「근대 일본의 식민지 동화주의의 실패 - 박춘금의 경우」 참조.

일본 중의원 의원에 당선되었을 당시 박춘금(가운데 있는 사람).

다. 조선 무대에서 활동하는 일본인들도 자신들의 목소리를 제국
의회에 반영시키고자 박춘금을 지지했던 것이다.

부민관 폭파 의거가 8·15 해방 직전에 있었던 사실에서 알 수
있듯이, 해방 당시 박춘금은 한국에 있었지만, 해방 후에는 일본
으로 도피했다. 1949년에 반민특위가 맥아더 사령관에게 박춘금
송환을 요청했지만 소용없었다. 이후에도 박춘금은 친일 행적에
대해 어떤 처벌도 받지 않고 재일동포 사회에 대한 영향력을 이
어나가며 수많은 직책을 맡아 활동하다가 1973년 3월 31일, 82세
나이로 '그의 조국'에서 세상을 떠났다.

21

교회의 종을
일본에 바치다

예수를 팔아치운 '친일 목사' 김응순

부처님을 팔아 친일한 승려도 있다. 지금의 서울 강남구 봉은
사 주지였던 홍태욱은 범종을 수집해 일본군에 헌납했다. 종교만
다를 뿐, 홍태욱과 별반 다를 바 없는 기독교 목사들도 있었다.
교회 재산을 마치 자기 재산처럼 일본에 바친 인천 보합교회 김
응순도 그런 목사였다.

일제 말기의 기독교 친일 세력은 교인 1인당 1원씩 일왕에게 헌
금하는 운동을 벌였다. 또 교회 시설을 뜯어 일본에 바치는 일도
했다. 1941년 한 해에만 놋그릇 2,000여 개와 교회 종 1,500개 이
상을 갖다 바쳤다.

"1941년 총회 보고에 의하면 한 해 동안 놋그릇 2,165점과 교회 종 1,540개를 헌납했다. …… 그해 장로교 교회 총수가 2,543곳이었으므로 60% 이상의 교회가 일본의 전쟁 수행을 위해 종을 제공한 것이다." [70]

장로교만 그랬던 것은 아니다. 감리교를 비롯한 여타 교단도 사정이 다르지 않았다.

"국민총력감리회연맹은 예배당과 교회시설을 비상시국 관련 집회 · 피난소 · 특별작업장으로 제공하고 철문과 철책을 헌납하기로 결정했다." …… 통리자 정춘수는 1942년 2월 각 교구장에게 공문을 보내 성전聖戰 완수를 위해 교회 종도 헌납할 것을 요구했다." [71]

위의 인용문에 등장하는 '통리자 정춘수'는 3·1운동 때 민족대표 33인 가운데 한 사람이었다. 그런 그도 감리교 지도자가 되어 교회 종을 뜯어내는 데 앞장섰던 것이다.

이 시기 기독교의 친일은 단순히 전쟁 헌금을 일제에 갖다 바치는 정도가 아니었다. 교회 철문과 철책을 뜯어내다 바치고, 교

---

[70] 류대영 한동대 교수가 쓴 『한 권으로 읽는 한국 기독교의 역사』(2018) 참조.
[71] 위와 같은 곳 참조.

회 종도 떼어다 바쳤다. 이교를 숭배하는 국가를 위해 그렇게 했다. 일왕을 신으로 모시는 일제를 위해 교회 종까지 뜯어다 바쳤다는 것은 기독교 친일 세력이 종교인으로서 최소한의 금기마저 지키지 않았음을 보여준다.

열혈 독립운동가였던 희미한 옛 추억

김응순은 일제 말기에 기독교 친일에 앞장선 대표적 인물이었다. 『한 권으로 읽는 한국 기독교의 역사』를 보면 "부일 협력은 교단의 지도자나 유명인사가 주도했다."고 한 뒤 "장로교의 김응순·김관식·채필근·백낙준·신흥우·류형순" 등을 열거한다. 김응순은 오늘날에는 잘 알려져 있지 않지만, 일제강점기 때는 저명한 친일파였다.

김응순은 1891년 10월 17일 황해도 장연에서 태어났다. 지금의 황해남도에서 서해안 쪽에 치우친 장연군이 그의 고향이다. 사회생활을 시작한 것은 1910년 국권침탈 직후였다. 그해에 중학교 급인 고등보통학교를 졸업하고 21세 때인 1912년부터 고향에서 보통학교 교사로 근무했다.

그는 교사 생활을 10년을 채우지 못했다. 3·1운동 이듬해에 체포됐기 때문이다. 1920년 7월 사립학교 교사로 있으면서 대한적십자사 청년의용단 단원으로 단원과 군자금을 모집하고 독립신문을 배포하는 등의 활동을 하다가 체포되어 징역형을 받고 복역했다.[72] 운동단체에 가담하는 정도가 아니라 조직원과 군자금 모집 등에도 나섰다. 상당히 적극적으로 했을 뿐 아니라, 독립운동 지도자로 발전할 가능성도 보여준 것이다.

감옥에서 나온 뒤에는

석방된 뒤에 김응순이 선택한 직업도 가르치는 일이었지만 분야가 달랐다. 1923년부터 그는 고향에서 전도사 활동을 수행했다. 그러다가 1927년에 평양 장로회신학교를 졸업하고 그해에 목사 안수를 받았다. 황해도 봉산군 홍수원교회가 그의 부임지였다. 독립운동하던 교사가 친일 목사가 되었으니, 수감 기간에 어떤 심경의 변화가 있었으리라 생각해볼 수 있다.

김응순은 교사로서 학생들을 가르칠 때는 독립운동을 겸했다. 그런데 목사로서 신도들을 가르칠 때는 친일을 겸했다. 현실 정치와의 관련성을 유지하며 세상을 가르치는 이의 모습이 교사 때와 목사 때에 형태를 달리해 발현됐던 것이다.

45세 때인 1936년에 황해도 해주제일교회 담임목사로 옮겨가고 이듬해에 황해도 교회들을 책임지는 황해노회장이 됐다. 이런 위상을 발판으로 김응순은 1939년부터 본격적인 친일의 길에 들

---

[72] 『친일인명사전』 제1권 김응순 편 참조.

어섰다. 일제가 한국인들을 침략전쟁에 동원하고자 1938년 7월에 만든 기구가 국민정신총동원조선연맹이고, 1940년 10월에 이를 대체한 것이 국민총력조선연맹이다. 김응순은 이 기구의 장로회 연맹에서 활동했다. 1942년 10월에 조선예수교장로회 총회장으로 선출된 뒤에는 국민총력조선예수교장로회총회연맹 이사장도 겸했다. 장로교 지도자가 되어 친일의 최일선에 나섰던 것이다. 독립운동 시절에 표출됐던 운동 지도자 기질이 친일 분야에서 발현됐다고 볼 수 있다.

"천황 폐하께 감사하세요!"

김응순의 친일에서 인상적인 것은 신도들의 헌금을 모아 헌신적으로 바쳤다는 점이다. 그는 '일왕에게 감사를 표하세요'라며 한국 민중의 호주머니를 털어간 목사였다. 교회 재산을 일본에 바치는 데 그는 주저함이 없었다.

『친일인명사전』에 정리된 바에 따르면, 김응순은 참 많은 것을 일제에 바쳤다.

먼저 종교의 이름으로 군용기를 헌납했다. 장로회 차원에서 해군 군용기 헌납 운동에 참여한 김응순은 1942년 9월 20일 '장로회 헌납 해군기 명명식'에 참석했다. 그로부터 두 달이 채 지나지 않은 11월 12일에는 "국민총력조선예수교장로회총회연맹 이사장으로서 총회연맹 주최로 황군 환자용 자동차 3대 헌납식을 갖고"

서울 남산 중턱의 조선신궁에 가서 참배했다. 기독교단체 지도자라는 사람이 중대사가 있으면 신사에 가서 참배하는 일본 신도의 전형적인 신자처럼 행동했던 것이다.

김응순은 1943년에는 '금 모으기' 운동을 교단 차원에서 전개했다. "같은 해 4월 총회연맹 이사장으로서 각 노회연맹 이사장에게 공문을 보내 귀금속 헌납을 독려했다."고 『친일인명사전』은 말한다.

김응순은 물질만 바친 게 아니었다. 교인들까지 일왕에 바치고자 했다. 교인 청년들이 침략전쟁에 참여할 것도 독려했다. 1943년 3월, 징병제도를 홍보할 목적으로 조선예수교장로회 총회 여자대표자 연성회를 열었다. 이 행사에서 총회장 자격으로 훈사를 했다.

심지어 아예 교단 자체를 일본에 바쳤다. 일본의 요구에 따른 것이기는 했지만, 1943년 4월 임시총회를 소집해 조선예수교장로회 총회를 해산하고 교단을 일본기독교 조선장로교단에 편입시켰다. 이런 일은 일제의 강요에 의해 여타 기독교 교단에서도 일어났다. 김응순은 예수교 장로회 안에서 이 일을 주도적으로 처리했다.

강요가 있었다는 것이 친일 죄과를 없애줄 수는 없다. 식민 지배하에서 일제의 강요에 정면으로 맞선 사람들도 있고, 그것이 여의치 않으면 현직에서 물러난 사람들도 있었다. 김응순은 그렇게 하지 않고 일제의 요구를 들어주면서 자신의 지위를 유지했다. 성직자였던 점을 감안하면, 죄가 더 무거워질 수밖에 없다.

목사에서 다시 교사로, 그리고 영광은 계속된다

황해도를 기반으로 했던 그의 무대는 한국전쟁 발발 이후 남한으로 옮겨졌다. 해방 뒤 이북에서 기독교연맹 부위원장을 했던 그는 전쟁 발발 7개월 뒤인 1951년 1월 월남해 인천에 정착했다. 1950년 10월에 평양을 점령했던 국군과 유엔군이 북·중 연합군에 밀려 남하하던 시기에 그도 고향 인근의 인천으로 이동했던 것이다.

그는 이남 땅에서 매우 신속히 자리를 잡았다. 남한 좌파를 견제할 목적으로 이북 출신 기독교 지도자들을 환대하고 물질적으로 지원했던 미국의 영향력이 한국전쟁을 계기로 더욱 강해진 시기였다. 이런 상황에서 그는 남한 정착 얼마 뒤에 교회를 세우게 됐다.[73] 남한에 정착한 이듬해에 교회를 세웠다. 그에 더해 인천 소년교도소 교무과장도 맡았다. 남한 정부와의 인연도 갖게 됐던 것이다. 일제 때 그랬던 것처럼, 이북에서 그랬던 것처럼, '가르치는 일'과 '현실 정치와의 관련성'이라는 두 가지를 이남에서도 병행한 셈이다.

---

[73] 인천 보합교회 홈페이지의 '교회 소개'란을 보면 "초대 목사 김응순 목사를 중심으로 황해노회 보합교회(1952.10.17)로 정식 설립하다."라고 나온다.

그 뒤 그는 예전 직업을 되찾았다. 독립운동이 발각돼 그만뒀던 학교 선생 직업을 남한에서 회복했다. 인천에 보합공민학교와 보합고등공민학교를 설립하고 교장에 취임했다. 보합교회 목사를 하면서 학교 운영을 겸했던 것이다. 교회에 이어 학교를 두 개나 설립했다는 것은 그의 물질적 기반이 남한에서도 공고했음을 보여준다. 여타 친일파들과 마찬가지로, 해방은 그의 물질적 생활에 타격을 주지 않았다.

김응순의 친일 행위로 장로교 교단의 재산은 줄었다. 하지만 그는 손실을 겪지 않았다. 그는 남한에 내려와 종교 분야에 이어 교육 분야로도 영역을 확대했다. 한국전쟁과 더불어 8·15 해방은 그에게 득이 됐으면 됐지 실이 되지는 않았다.

김응순은 사후에도 영예를 누렸다. 그 영광은 천국이 아닌 대한민국에서 계속됐다. 1958년 1월 6일에 사망한 김응순에게 1993년에 대한민국은 건국훈장 애족장을 추서했다. 2010년에 그 애족장이 취소되기까지, 대한민국은 그의 친일 인생을 오랫동안 칭송했다.

22

오늘은 또 누구의
초상집을 찾아가볼까

도쿄에서 열린 이토 히로부미의 장례식에도 참석한 '경술국적' 민병석

일본에 초상이 날 때마다 기운이 샘솟는 친일파가 있었다. 일본에서 초상이 날 때마다 두각을 보인 인물이 민병석(閔丙奭, 1858~1940)이다. 그런 경조사를 놓치지 않고 꼭꼭 얼굴을 내밀곤 했던 그는 경술국적 8인 중 하나다.

민병석은 경술년인 1910년 8월에 나라를 일본에 넘겼다. 역사에 영원히 남을 치욕의 이름 '경술국적'으로 이완용, 박제순, 고영희, 윤덕영, 이병무, 조중응, 조민희와 함께 민병석은 한일합병조약 체결을 모의하고 8월 22일 궁내부대신으로 어전회의에 참석하여 한일합병조약 체결을 주도했다. 그날의 어전회의 풍경을 보도한 신문이 있다.

"좌중이 묵묵불언하고 한 놈도 반대함이 없는 고로 완용이는 이를 가결이라 하고……" [74]

이 기사에서 '한 놈도'에 민병석도 포함된다.

민병석은 뛰어난 서예가였다. 서울 광화문광장 이순신 장군 동상 근처에 고종 즉위 40주년을 기념하는 '고종 즉위 40년 칭경기념비'라는 비석이 있다. 순종 황제와 함께 민병석의 글씨로 제작된 비석이다.

무언가를 기념하거나 기릴 일이 있을 때마다 앞에 나서서 자기 이름을 남기는 모습은 민병석의 친일 인생에서도 일관되게 나타났다. 애경사에 민감히 대처할 뿐 아니라 그런 무대에서 두각을 나타내는 데 소질이 있었다고 볼 수 있다.

가문의 후광

철종 때인 1858년 12월 12일 출생한 민병석은 명문가인 여흥 민씨의 일원이었다. 일제강점기 때 친일 판사였으며 박정희 정권 때 대법원장이었던 친일파 민복기가 그의 아들이다.

21세 때인 1879년 과거에 급제한 민병석은 순탄하게 엘리트 코

---

[74] 재미 한국인들이 발행한 1910년 9월 21일자 「신한민보」 참조.

스를 밟아나갔다. 홍선대원군의 부인도 민씨이고 고종의 부인도 민씨라서 여흥 민씨의 위상이 높았던 시기였다. 그런 시절에 그는 우수한 소장파 관료들이 배치되는 규장각·홍문관·성균관을 두루 거쳤다. 26세 되던 1884년에는 성균관 대사성(국립대학 총장격)에 임명됐다. 그 뒤 강화유수(광역시장급) 등을 거쳐 42세 때인 1900년에 대한제국 군부대신이 됐다. 가문뿐 아니라 조정으로부터도 은덕을 많이 입은 셈이다.

그러나 그는 은덕을 곱게 갚지 않았다. 기회가 생기면 외세와의 결탁을 거리낌 없이 시도했다. 일본에 대해서만 그랬던 게 아니다. 청나라를 상대로도 그런 시도를 한 적이 있다. 1894년에 동학 농민군의 봉기로 조선의 지배체제가 동요하고 청·일 양국 군대가 동학군을 진압하고자 조선에 진주했을 때, 민병석이 보인 행태는 가관이다.

> "평양에 진출한 청국군과 결탁하여 민씨 척족의 복권을 도모하다가 일본군에게 평양이 함락당하자 인장과 부신符信마저 챙기지 않은 채 도주했다."[75]

부신은 둘로 쪼갠 뒤 한쪽은 발급자가 갖고 한쪽은 수신자가

---

[75] 『친일인명사전』 제1권 민병석 편 참조.

민병석.

갖는 것으로, 신하에 대한 군주의 신임을 증표했다. 비상시에도 그것을 잊지 않고 챙기는 것은 신하의 '에티켓'이었다. 그것마저 챙기지 못하고 달아날 정도로 일본군을 무서워했던 그가 러일전쟁 시기인 1904년부터는 적극적인 친일파로 자기 존재를 부각시켰다. 한·일 간에 기념할 만한 이벤트가 있을 때마다 그는 존재감을 과시했다.

궁내부대신이었던 1904년, 민병석은 특사로 방한하는 이토 히로부미 영접 행사를 지휘했다. 오늘날의 국가보훈처 비슷한 표훈원의 총재였을 때는 이토 히로부미를 왕실 고문으로 초빙하는 운동을 벌였다. 황제를 보좌하는 시종원경이던 1907년에는 다이쇼 왕세자의 방한을 환영하는 봉영위원장으로 활동했다. 국권침탈 전년도인 1909년 2월에는 일본에까지 가서 이토 히로부미의 한국 통감 유임 운동을 벌였다. 그해 10월 26일 이토가 안중근 의사의 의거로 사망하자 11월에 도쿄로 건너가 장례식에 참석했다. 한양 남산 기슭의 장충단에서 추모회를 거행하자고 제안도 했다. 12월 14일에는 일본적십자사와 일본애국부인회 한국지부가 주최한 사망 50일 추도식에도 참석했다. 한국 통감 이토 히로부미의 죽음이 민병석에게는 '너무나 슬픈 사건'이었던 것이다.

국권을 빼앗긴 뒤에는 일본 경조사에 더 적극적으로 참여했다. 일제 강점 뒤에 자작 작위를 받고 조선 왕실을 담당하는 이왕직 장관이 되었다. 『친일인명사전』에 따르면 이왕직은 일제가 조선 왕실을 관리·통제하기 위해 설치한 일본 궁내성 소속기관이다.

> "(민병석은) 일본 천황에게 정기적으로 문안하고 일본 황실과 정부의 경조사를 챙겼으며 신사·신궁에서 거행하는 각종 제례에 참석했다." [76]

그는 메이지 일왕의 장례식, 다이쇼 일왕의 즉위식, 순종의 일왕 방문 때도 빠지지 않고 참석했다.

그의 친일은 경조사 참석 수준에 그치지 않았다. 이완용 등과 함께 경술국치를 주도한 그는 중추원 고문 및 부의장 역임을 통해 일제 식민지배에 정당성을 부여하는 역할을 수행했다. 유교 친일화를 위한 기구인 조선유도회 부회장으로도 활약하고, 한국사

---

[76] 『친일인명사전』 제1권 민병석 편 참조.

이토 히로부미 장례식. 장례 행렬이 도쿄 가스미가세키 부근을 지나는 모습이다.

왜곡을 위한 기구인 조선사편수회 고문으로도 활동했다. 조선귀족회 회장으로서 한국 특권층이 일본에 충성하도록 만드는 책무도 맡았다.

경조사도 챙기고 재산도 불리고, 이것이 '친일 일석이조'?

일본 경조사를 열심히 쫓아다닌 일은 그의 지위뿐 아니라 통장 잔고도 두둑이 해주었다. 명문가의 일원이었으므로 집안에서 물려받은 재산도 있었을 것이고 조선왕조 및 대한제국 관료로서 받은 봉급도 있었고 관민 합작으로 출자한 대한천일은행 은행장으로 벌어들인 돈도 있었지만, 친일파로 두각을 보이며 일본과 제휴하는 동안에 벌어들인 소득도 적지 않았다. 이왕직 장관으로 8년을 재임하고 중추원 고문·부의장으로 15년을 재임했으니, '월급쟁이 친일파'로 근무한 기간도 꽤 길었다.

1858년생인 민병석이 본격적으로 친일을 하기 시작한 것은 1904년이고, 친일을 하다 사망한 것은 1940년이다. 82년 인생 중에서 36년을 친일파로 살았고 이를 기반으로 재산을 축적했으니, 적어도 햇수로만 친다면 절반에 가까운 소득의 출처를 따져볼 필요가 있다.

그는 적극적 친일을 하던 기간인 1920년에 해동은행 취체역(이사)이 되고 1921년에 고려요업 대표가 되고 조선생명보험 사장이 되고 1923년에 조선제사製絲 사장이 되고 1924년에 계림전기 창립위원장이 됐다. 친일파 지위를 발판으로 기업활동을 했으므로, 여기서 얻은 소득도 친일재산을 산정할 때 고려하는 것이 이치에 맞다.

고종과 이토 히로부미의 정치자금은 누가누가 먹었나

민병석의 금전 문제와 관련해 검토하지 않을 수 없는 사실관계가 있다. 대한제국 시절에 그가 한·일 양국을 매개하면서 공금을 사용하는 일이 적지 않았다는 사실이다.

1904년에 이토 히로부미가 고종에게 제공한 정치자금 30만 엔을 중간에서 전달한 사람이 민병석이었다. 1905년에 고종이 이토를 왕실고문으로 영입하라며 내놓은 업무 추진비 10만 엔을 사용한 사람도 그였다. 그는 충성심에 문제가 있는 사람이었다. 왕과의 언약을 증표하는 부신도 챙기지 않고 자기 몸부터 챙긴 행위는 군주와의 신뢰관계를 소홀히 다루는 사람이라는 인상을 낳을 소지가 컸다. 그런 사람이 고종과 이토 사이를 매개하면서 비밀 자금을 다루었던 것이다.

고종은 10만 엔을 준 그해에 민병석을 귀양보냈다. 성과가 없었다는 것이 이유였다. 이처럼 그는 친일 행위 과정에서 양국 위정자들의 돈을 맡아두는 일도 있었고, 그 과정에서 잡음을 만들어내기도 했다.

민병석은 관료치고는 재산이 많았다. 『친일인명사전』에 따르면 "1933년 2월 현재 30만 원 이상의 재산을 보유한 자산가"였다. 1927년 4월 8일자 「조선일보」는 경성사범학교 출신 교사의 초임 봉급에 관한 기사에서 "초임이 남자 오십이 원, 여자가 사십사 원"이라고 한 뒤 일본 사범학교 출신과 비교할 때 너무 많으니 깎을 필요성이 있다는 주장을 하고 있다. 초등학교 교사 초임 봉급이 50원이던 시절에 민병석은 30만 원 이상의 재산을 갖고 있었다. 단순 계산하면 당시 초등 교사가 500년을 일해야만 벌 수 있는 돈이었다. 주업이 관료인 사람이 이 정도의 재산을 갖고 있었던 것이다.

민병석은 인생의 절반 가까이를 친일파로 살았으며, 친일파라는 지위가 그의 재산 형성에 기여했다. 그런데도 2013년에 법무부가 발표한 것처럼 정부는 민병석 재산을 8억 7,000만 원어치만 환수하는 데 그쳤다. 자료의 한계 때문에 친일재산을 충분히 찾아내기 힘들었으리라는 점을 감안한다 해도, 36년간의 친일 기간과 비교하면 금액이 소소하다고 하지 않을 수 없다.

23

충남 갑부의 스케일,
뇌물은 순금으로?

단군 할아버지를 팔아 친일한 김갑순의 이상한 행운 뒤의 검은 거래

김갑순(1872~1960)은 충남 공주의 갑부였다. 어느 정도 갑부였는지는, 죽은 뒤에 상속세가 납부되는 방법을 보면 알 수 있다. 그의 사망 2년 뒤에 발행된 「경향신문」 기사에 따르면, 사망 당시 자손들에게 부과된 상속세는 2,400만 원이었다. 상속인들은 이 돈을 만들 길이 없어 현물 납부를 선택했다.

상속인들이 납부하게 된 현물 내역을 살펴보면, 1960년 당시의 2,400만 원이 얼마나 거액이었는지를 추산할 수 있다. 위 기사는 이렇게 보도했다.

"상속세로서 현금 대신 제공할 현물만도 대지 7천 평, 밭 2천 7

백 평, 논 1천 3백 평, 임야 1백 82만 6천 평과, 서울·대전 지방에 있는 주택 7백 21동이라고 한다." [77]

김갑순은 청년 시절만 해도 형편이 어려웠다. 위 기사는 "어렸을 때 가세가 곤란하여 그의 모친은 공주장터에서 해장국 장사를 했었다 한다."고 전한다. 돈이 없어 나이 20이 넘도록 결혼을 못했으며, 큰돈을 벌고 싶은 욕망에 노름판을 기웃거렸다고 한다. 그랬던 사람이 대전과 서울 등지에 대규모 부동산을 소유하는 갑부로 변신했던 것이다.

그 여자를 알고 나서

그가 대한제국 때 군수급을 지내며 부정 축재한 것들이 재산 축적의 밑바탕이 되긴 했지만, 그보다 더 근원적인 계기로 작용한 것이 있다. 지금의 충남도청인 공주감영에서 사환으로 근무할 때 묘령의 여성을 알게 된 것이 출발점이 됐다. 공주감영이 도박 범죄자 체포작전을 벌일 때 김갑순은 현장에서 한 여성을 만났다. 그리고 의남매까지 맺게 된 그 여성은 그의 인생을 180도 바꿔놓았다.

---

[77] 1962년 10월 15일자 「경향신문」 기사 '황무지의 수확, 유산 4억 원' 참조.

"김갑순은 그 여자와 의남매를 맺고 그 여자를 충청감사의 소
첩으로 중매하였다. 그로부터 그에게는 출세의 길이 열렸고,
의남매를 맺은 여자의 도움으로 총순總巡으로부터 충남 각지
의 군수를 역임하기에 이르렀다." [78]

그 여성의 물밑 지원으로 중하위직 경찰관인 총순이 되고, 뒤
이어 황제 자문기구인 대한제국 중추원의 의관(의원)이 됐다. 그런
다음, 여기저기 군수직을 역임했다. 부여, 노성, 임천, 공주, 김화
에서 군수를 지냈고 국권 침탈 이듬해인 1911년에 아산군수직을
사임했다. 이 시기에 축적한 부정한 재산들은 일제강점기 때 김갑
순이 만석꾼으로 올라서는 발판이 됐다.

단군성전을 총독성전으로 개조

김갑순은 일제강점하에서도 공직 또는 관변 직책을 역임했
다.[79] 일제 침략전쟁이 격화된 1937년 이후에는 전쟁 지원 단체

---

[78] 『친일파 99인』 제2권에 실린 박천우 장안전문대 교수의 '김갑순: 역대 조선총
독 열전각을 건축한 공주 갑부' 참조.
[79] 『친일인명사전』 제1권에 따르면, 충남 참사, 충남 지방토지조사위원, 매일신보
사 충남지국장, 지방의원 격인 충남도평의회 의원, 중추원 참의 등을 지냈다.

들에도 깊숙이 개입했다.[80]

그는 토지조사사업에 협력하고 위로금도 받았고 중추원 참의로 근무하고 연봉도 받았다. 그러면서 침략전쟁 지원을 위해 국방헌금을 납부했다.

이 같은 일반적 패턴의 친일 행위 외에, 눈길을 끄는 김갑순 특유의 행적도 있다. 단군 할아버지를 팔아넘긴 일이 이에 해당한다. 『친일파 99인』을 보자.

> "일제에 대한 충성을 과시하기 위하여 당시 조국 광복을 위하여 투쟁하던 금강도교의 비밀을 염탐하여 왜경에 밀고하였다. 이에 교두 이하 각 간부들이 투옥되었으며, 왜경의 후원 하에 금강도교 소유인 단군성전을 압수하여 제멋대로 역대 총독 열전각이라는 해괴한 건물을 건축하여 역대 조선총독의 사진을 안치하고 강제로 이에 참배케 하였던 것이다. 그때 피검된 교도 63명 중 7명은 악독한 고문에 못 이겨 무참하게 옥사하기도 하였다." [81]

---

[80] 『친일재산 조사 4년의 발자취』는 "국민정신총동원 조선연맹 평의원, 조선유도연합회 평의원, 국민총력조선연맹 평의원, 홍아보국단 충청남도 준비위원, 조선임전보국단 이사" 등의 경력을 소개한다.

[81] 『친일파 99인』 제2권에 실린 박천우 장안전문대 교수의 '김갑순: 역대 조선총독 열전각을 건축한 공주 갑부' 참조.

이렇게 일제와 관련을 맺고 친일 행적을 이어가는 가운데, 그가 가장 중점을 둔 분야는 부동산 투기였다. 공직 활동 중에 알게 된 노하우를 기초로 부동산 재테크에서도 비상한 수완을 발휘했다. 위의 「경향신문」 기사는 공주·대전 등을 비롯한 곳곳의 부동산들로 인해 그가 만석꾼 반열에 올랐다고 설명한다. 그러나 친일반민족행위자재산조사위원회가 국가 귀속 대상으로 지정한 김갑순의 재산은 충남 공주시 우성면 방홍리 등의 116필지로 공시지가 2억 8,000만 원 정도에 불과하다.[82]

1931년, 김갑순이 사둔 땅으로 도청이 옮겨간 이유는?

그가 중추원 참의 등을 역임하고 받은 연봉은 만석꾼이 될 만한 금액은 당연히 아니었다. 그 자신이 부동산 투기를 해서 거부를 축적했으므로, 재산 대부분과 친일 행위가 직접적 관련성이 없어 보일 수도 있다. 「경향신문」 기사에 따르면, 그에게는 딸 넷과 아들 다섯에 더해 80여 명의 손자가 있었다. 그가 죽기 전에 태어난 직계혈육은 약 90명이다. 이들에게 돌아갔을 김갑순 재산의 대부분은 부동산 투기의 결과물이다. 그러나 가장 크게 돈을 번 계기가 무엇이었나를 음미해보면 판단이 달라질 수 있다.

---

[82] 『친일재산 조사 4년의 발자취』 참조.

김갑순.

　김갑순의 재산 가치가 비약적으로 상승한 시점은 1930년대 초
반이다. 이전에도 이미 부자였지만 만석꾼 소리를 듣게 된 것은
이 시기였다. 대전 땅에 미리 사둔 부동산들이 폭등하면서 생겨
난 결과다. 「경향신문」 기사에 이런 대목이 있다.

　"1931년(쇼와 6년)에 새로운 또 하나의 행운이 닥쳤다. 공주에서
　도청이 대전으로 이전하게 되자, 대전에 사두었던 그의 대지
　위에 지어졌다. 그렇게 되니 그의 논과 밭은 전부 대지로 변해
　버렸다. 그것이 현재 대전시 대흥동과 은행동, 선화동 그리고
　역전 일대이다. 그는 계속해서 땅을 사들여 드디어는 2만석군
　이 되고 경기도와 충청도, 그리고 경상도를 통하는 국내 최초
　의 여객운수사업을 시작했다. 또한 유성호텔을 매입·보수하

는 한편 관광호텔로 갖추었다. 그리하여 일정 말엽엔 충남 제1의 재벌이 되었다."

미리 사둔 땅 위에 충남도청이 세워지고 대전 시가지가 조성되는 등의 사건이 과연 우연일 수 있을까? 우연에 우연에 우연이 겹친다면 그것은 우연이 아니라 필연이다. 이런 일련의 전개는 당연히 식민당국이 도청부지를 결정할 때 그의 입김이 개입된 결과였다. 『친일파 99인』을 보자.

"김갑순은 일제 관료들과 결탁하여 충남도청을 대전으로 이전시키도록 했다. …… 1932년 도청이 공주에서 대전으로 옮겨오자 평당 15전 내외에 불과했던 땅이 평당 수백 원으로 폭등하여 거액의 폭리를 획득할 수 있게 되었다."

대전 시가지가 될 땅의 40% 정도를 김갑순이 미리 소유하고 있었다고 하니, 충남도청 이전이 그의 치부에 결정적 계기가 됐음을 알 수 있다.

"순금을 드릴테니 나를 만나주시오"

김갑순은 일제와 친분을 쌓기 위해 온갖 수단을 동원했다. 단군성전을 역대 총독 열전각으로 개조해주는 정도에 그치지 않고

금은보화까지 동원해 그들의 환심을 샀다. 위 책에는 김갑순이 총독부 고관들을 얼마나 극진히 대접하고, 필요에 따라 순금 같은 뇌물 공세를 얼마나 엄청나게 퍼부었는지 구체적으로 나온다.

> "총독부 고관이 공주에 오면 으레 집으로 데려와 대접했고, 꼭 만나야 할 고관이 안 만나주면 순금 명함갑이나 순금 화병 한 쌍씩을 뇌물로 건네는 방법까지 서슴지 않았다."

그런 로비를 통해 충남도청과 시가지를 자기 땅에 유치하도록 하고 이를 발판으로 만석꾼 반열에 들어섰다. 이 정도면 재산 대부분이 친일 행위의 결과물이었다 해도 지나치지 않다. 그렇지만, 김갑순은 여타 친일파들처럼 처벌을 받지 않았다. 해방은 그의 재산 규모에 영향을 주지 않았다. 그의 친일재산은 일제 패망 뒤에도, 그의 사망 뒤에도 그의 울타리를 벗어나지 않았다.

24

'고문왕', 독립투사들을
사냥하고 살해하다

총독에게 수류탄을 던진 강우규 선생을 체포해 승승장구한 친일 경찰 김태석

친일 형사 김태석(1882~?)은 직업과 차림새가 셜록 홈스를 연상
시킨다. 반민특위에 체포된 뒤에 발행된 1949년 5월 21일자 「경향
신문」 2면 등에 실린 그의 사진은 한국인 얼굴의 영국 신사를 담
고 있다. 그런데 사진은 셜록 홈스를 연상시키지만, 수사 방식은
셜록 홈스와 딴판이다. 셜록 홈스는 범행 현장에서 포착한 단서
를 토대로 추리를 전개하는 데 반해, 김태석은 주로 정보원과 고
문을 활용했다.

그의 악질적인 고문은 억지 자백을 받아내는 선에서 그치지 않
았다. 그것은 살인으로도 이어졌다.

"현재 반민反民 혐의자로 체포되어 있는 그 당시 고등계 형사주
임으로 고문치사에 유명하든 김태석"

"일제의 충실한 악독 고문 경관이든 김태석" [83]

「조선일보」 기사의 김태석이라는 이름 석 자 앞에 '고문치사에
유명하던' '악독 고문 경관'이라는 수식어가 따라붙었던 데에서 알
수 있듯이 그는 고문치사로 악명을 떨친 형사였다. 그래서 고문왕
으로 불릴 만했다.

은신 중인 강우규를 찾아내다

김태석은 임오군란 발발 4개월 뒤인 1882년 11월 23일, 평안남
도 양덕군에서 태어났다. 평안도·함경도·황해도가 만나는 곳
이 그의 고향이다. 대한제국 시절인 1908년에 한성사범학교를 졸
업하고 평양보통학교 훈도가 된 그는 니혼대학 법대 유학 이후인
1912년에 일본 경찰로 변신했다. 초등학교 교사를 하다가 국권
침탈 뒤에 직업을 바꿨던 것이다.

처음에는 함경북도 옹기군 경찰서에서 통역 일을 했다. 일반 경
찰이 된 것은 이듬해다. 이때 받은 초임 계급은 경부였다. 경찰서

---

[83] 1949년 2월 12일자 「조선일보」 기사 '김태석의 죄상' 참조

사이토 총독에게 수류탄 의거를 감행한 강우규 선생.

과장급으로 출발했던 것이다. 그는 31세인 이때부터 식민지배에 가담해 해방 때까지 무려 33년이라는 긴 세월 동안 일제의 녹봉을 받아 먹으며 살았다.

일제 경찰이 된 그는 사람 사냥이 특기라도 되는 듯이 독립투사들을 잡아들였다. 이 분야에서 괴력을 발휘했다. 1915년에는 비밀 독립운동단체인 일심사의 조직원들을 체포했다. 3·1운동이 벌어진 1919년 가을에는 사이토 마코토 총독에게 수류탄을 던진 강우규 선생을 체포했다.

강우규 선생은 군중이 밀집된 남대문역(서울역)에서 의거를 단행했다. 폭탄 파편이 사이토의 칼에 맞은 직후, 그는 군중들 속으로 사라졌다. 그런 뒤 경복궁 광화문에서 서쪽 15분 거리인 사직동의 여인숙에 은신했다. 누가 폭탄을 던졌는지조차 알 수 없었기 때문에 사건은 미궁으로 빠질 가능성이 높았다.

국사편찬위원회가 1955년에 발행한 항일투쟁기인 『기려수필』에 따르면, 성격이 호탕했던 강우규는 자신의 의거로 서울이 발칵 뒤집힌 사실을 주의하지 않았다. 여관 사람들 앞에서 "경찰이 죄 없는 사람들을 잡아가고 있다."는 말을 입 밖으로 꺼냈다. 경찰에 체포되는 사람들을 보고 '죄가 없는 사람들'로 단정하는 그의 한마디는 여관에 있던 김태석 정보원의 귀에 들어갔고, 보고를 받고 느낌이 이상해진 김태석은 형사들을 데리고 여관을 급습했다. 총독 암살 미수자를 잡아들인 이 사건으로 김태석은 일제의 인정을 받고 승승장구했다.

칠(七)가살, 반드시 죽여야 할 일곱

김태석이 '처리'한 독립운동 사건은 한둘이 아니다. 고종의 아들인 의친왕의 국외 망명을 기획한 대동단의 거사 계획을 알아내고, 김원봉이 단장인 의열단의 독립투쟁에도 지장을 줬다. 앞의 「조선일보」 기사는 "29년 전 우리의 원수 왜놈들을 폭사시킬 계획으로 김원봉 단장으로 조직된 의열단 조선 총책임자 김재수 씨가 그 당시 총독부와 일인의 요인을 암살할 계획으로 상해로부터 폭발탄 탄환 등을 밀수입"했지만 "거사를 앞둔 수일 전에" 김태석에게 체포됐다고 보도했다.

임시정부가 반드시 죽여야 할 일곱, 즉 '칠가살七可殺'로 규정하기까지 했던 김태석은 경찰직을 떠난 뒤에도 악독한 친일 마일리지를 차곡차곡 쌓아갔다. 1924년에 일반 행정관료로 변신해 가평·연천·부천 군수를 거쳐 함경남도·경상남도 참여관을 지낸 그는 징용과 공출 분야에서도 악명을 떨쳤다. 『친일인명사전』을 보자.

> "(경남) 도내에서 소 466마리와 돼지 5,417마리를 비롯해 모피 4만 9,014매를 공출하는 등 각종 군용물자를 수집하는 데 앞장서 '공출의 귀감'으로 평가되었다." [84]

이에 따르면, '고문왕'에 이어 '공출왕' 타이틀까지 얻은 셈이다. 일제가 김태석에게 중추원 참의 타이틀을 줘서 국회의원 비슷한 위상을 부여한 것은 일본에 대한 그의 충성도가 이만저만이 아니었기 때문이다.

자기가 잡아들인 독립투사를 '가짜'라고 우긴 뻔뻔함

하지만 김태석은 반민특위에 끌려간 뒤에는 발뺌으로 일관했다. 반민특위 재판 때는 자신이 그저 심부름꾼에 불과했다고 변명했다. 한국인 사상범을 잡아들인 일도 없다고 주장했다. 3·1

---

[84] 『친일인명사전』 김태석 편 참조.

운동 때는 자신도 독립운동을 했노라며 확인할 수 없는 말들을 입에 담았다. 심지어는 자신이 잡은 독립투사들이 가짜였다는 말까지 내놓았다. 가짜 독립투사들을 잡아들인 것이므로 죄가 없다는 것이었다. 그는 변호인 오승은을 통한 최후변론에서 그런 주장을 펼쳤다. 최후변론에 이런 내용이 있었다.

> "그 당시에는 독립운동가가 사태가 나다시피 많았다. 최자남 · 황삼규 같이 폭탄을 일시 맡았다는 것으로써는 애국지사라고 할 수 없다. 피고는 그러한 가짜 혁명투사를 잡았던 것이다."[85]

김태석의 거짓 증언에 분노하지 않을 수 없다. 그가 '가짜 독립투사'라고 언급한 최자남은 강우규 의거 때 수류탄을 보관해준 애국투사였고, 황상규(황삼규)는 김원봉과 함께 의열단 활동을 했던 애국투사였다.[86] 독립운동가라는 이유로 최자남 · 황상규 등을 체포했던 김태석은 뻔뻔하게도 1949년에는 그들을 가짜로 몰아 세웠던 것이다.

---

[85] 1977년 8월 19일자 「경향신문」 '비화 한 세대 196: 반민특위 50' 참조.
[86] 두 사람은 국가 공인 독립운동가다. 최자남은 노태우 정부 때 건국훈장 애국장이 추서되었고 황상규는 박정희 군사정권 때 건국훈장 독립장이 추서되었다.

국회 프락치 사건의 분위기 속에서

검찰은 김태석에게 사형을 구형했다. 재판부는 무기징역과 재산몰수 50만 원을 선고했다. 적지 않은 형량이 선고됐지만, 추상같은 형벌 집행이 이미 불가능해진 뒤였다. 사형이 구형된 시점은 1949년 5월 20일이다. 이 시기는 반민특위가 친일 세력의 공격에 시달릴 때였다.

그해 5월 18일, 정부수립 이후 최초의 현역 국회의원 체포가 있었다. 국회 소장파 그룹을 이끌며 반민특위를 지원한 전북 익산 출신의 이문원 의원이 경찰에 체포됐다. 5월 20일부터 보도된 국회 프락치 사건의 출발점이었다. 친일청산을 지지하는 국회의원들을 남로당(남조선노동당) 끄나풀로 몰아세우는 이 사건으로 인해 12명의 의원이 순차적으로 구속됐다.[87]

이 상황은 8월까지 이어졌다. 이런 분위기 속에서 6월 2일에는 친일 단체들이 국회 앞에서 친일파 석방을 요구하고, 6월 3일에는 친일파 시위대가 반민특위를 습격했다. 6월 6일에는 일제 경찰이 아닌 대한민국 경찰이 반민특위를 습격했다.

이런 속에서 김태석은 검찰이 구형한 사형이 아닌 무기징역 및 재산몰수형을 받았고, 이듬해인 1950년 한국전쟁 직전에 감옥 문

---

[87] 구속된 의원은 다음과 같다. 최태규, 이구수, 황윤호, 김옥주, 강욱중, 김병희, 박윤원, 노일환, 김약수, 서용길, 신성균, 배중혁.

을 나왔다. 형벌 집행이 흐지부지됐던 것이다. 그래서 무기징역뿐 아니라 재산몰수형도 제대로 집행되기 어려웠다.

재판부는 그가 일제 치하에서 받은 물질적 혜택을 근거로 50만 원 재산몰수형을 선고했다. 적지 않은 금액이었지만, 1945년에 체감되는 50만 원의 가치와 1949년에 체감되는 50만 원의 가치는 크게 달랐다. 해방 직후의 극심한 인플레이션 때문이었다.

해방 직후의 물가상승이 얼마나 심했는지는 집값 변동에서도 나타난다. 1946년에 「동아일보」는 금융기관 통계를 근거로 서울 부동산 가격의 폭등 실태를 보도했는데, 중급 한옥 1칸(길이 약 2.4m)의 매매가에 관해 이렇게 전했다.

> "해방 전 중급 가옥 매간每間 9백 80원 정도이든 것이 금년 일월에는 2천 6백 50원이었고, 7월에 접어들자 일약 1만 3천원으로 등귀하였는데, 지난 9월에는 2만 1천원으로 폭등하야 해방 직전보다 20여 배나 올랐는데……." [88]

해방 직후의 해외 인구 유입과 더불어 건축자재 가격 상승 등으로 인한 결과였다. 일반 물가는 훨씬 크게 폭등했다. 조흥은행 조사에 기초한 그다음 해 「동아일보」 기사를 보자.

---

[88] 1946년 11월 9일자 「동아일보」 2면 우상단 기사 참조.

"1945년 8월을 기준, 백(100)으로 하면 금년 7월 현재의 곡물은 945.42, 식료품은 1224.69, 직물은 3432.70, 연료는 698.40이다." [89]

몰수 금액을 정할 때는 인플레이션이 감안되지 않는다. 김태석이 친일로 벌어들인 금액 중 일부에 대한 몰수가 일제강점기 화폐 단위를 기준으로 선고됐을 뿐이다. 해방 뒤에 물가가 천정부지로 치솟았기 때문에, 김태석이 느끼는 50만 원의 가치는 1945년 이전에 비해 현저히 낮을 수밖에 없었다. 김태석은 친일파라는 수식어보다 고문왕·공출왕이라는 수식어가 더 어울렸다. 그런 그에 대한 무기징역 집행이 유야무야됐을 뿐 아니라, 재산몰수형 역시 실질적 타격이 되지 못했던 것이다.

[89] 1947년 9월 20일자 「동아일보」 기사 참조.

25

이토 히로부미가 총애한,
못 말리는 친일파

'친일파 거두'이자 '반민 거물'이었던 박중양과 대구 동성로의 비밀

박중양朴重陽은 지금은 별로 알려져 있지 않지만, 과거에는 매우 유명한 친일파였다. 반민특위가 활동했던 시기였던 1949년에는 "반민反民 거물"[90]로 언급되어 있고, 1957년에는 "친일파 거두"[91]로 언급되어 있다. 그냥 친일파가 아니라 '거물' '거두'라는 수식어가 붙을 정도의 악질이었던 것이다.

세상을 떠나기 2년 전인 1957년, 박중양은 『신년 소감』이란 책을 썼다. 그는 이 책을 경무대에 보냈고, 그 때문에 명예훼손 수

---

[90] 1949년 7월 30일자 「조선일보」 참조.

[91] 1957년 10월 23일자 「경향신문」 참조.

사를 받았다. 만 83세인 그가 집필해 각계 인사들에게 무료로 뿌린 그 책자가 이승만 대통령의 명예를 훼손했다는 이유에서였다. 그 책자에는 소련이 강해져 미국이 나가게 되면 이승만이 짐 싸들고 분주하게 도망할 것이라는 내용이 있었다.[92]

그 책에 그런 내용만 있었던 것은 아니다. 9월 17일자 「경향신문」 3면 좌상단은 "그 내용인즉 현세를 비방하며 행정 수반인 이 대통령을 모독하고 친일적인 글을 썼다는 것인데"라고 소개했다. 친일적 주장까지 담겨 있었던 것이다.

사건을 담당한 대구지방검찰청 부장검사는 조사 과정에서 박중양의 정신 상태를 의심하게 됐다. 만 83세라는 고령임을 고려할 때 혹시 정신이 이상해진 것은 것은 아닌가 싶어서 소蘇 정신병원장에게 정신감정을 의뢰했다. 무소불위의 자유당 독재 시절에 대통령을 폄하하는 책자를 경무대에 보낸 것만으로도 당시 사람들이 볼 때는 정신이상을 의심할 만한 일이었다.

거기다가 박중양은 평소에 일제 식민지배를 황당하게 찬양했다. 그런 모습 때문에도 정신이상을 의심했을 수 있다. 대한제국 시절인 1908년 12월에 박중양은 일본인들을 모아놓고 어이없는 친일 발언을 입에 담았다. 경북관찰사였던 그는 일본인들 앞에서 "소생이 일신을 바쳐 이 땅을 위해 진력하고자 함에는 일본인 제

---

[92] 1957년 9월 15일자 「동아일보」 원문은 다음과 같다. "쏘련이 우세, 미국인이 퇴거하게 되면 이승만 대통령은 보찜 싸노라고 분망할 것이라."

군의 지도편달에 달려 있습니다."라며 "이 땅의 한국인들이 희망하는 바는 귀국인이 스승으로서 책임을 느껴야 한다는 것입니다."라고 호소했다. 1908년, 대한제국이 망하기도 전에 대한제국을 망하게 하려고 안달하고 있는 일본을 칭송하고 일본인들이 스승의 책임을 느끼며 한국인들을 지도해야 한다는 정신나간 발언을 공개 석상에서 당당하게 했던 것이다.[93]

그는 해방 4년 뒤 반민특위에 체포됐을 때는 "크게 본다면 일소─笑에 불과한 희비극이다."라며 대수롭지 않은 일을 겪는 듯이 웃어넘겼다. 또 "이완용 등은 매국노가 아니다."라는 발언도 했고 "일정시대에 조선인의 고혈을 빨았다고 이야기하는 것은 정치의 연혁을 모르고 일본인을 적대시하는 편견"이라는 발언도 했다. 평소에 즐겨하던 이런 식의 발언들을 대구지검 검사 앞에서 아무렇지도 않게 했다면, 이것 때문에도 정신이상을 의심했을 수 있다. 세상의 눈치를 살피지 않고 함부로 내뱉는 모습 때문에 그런 생각을 했을 수도 있다.

1957년의 그 사건은 결국 정신이상이 인정되어 불기소로 끝났다. 하지만 정신병원 입원은 박중양이 완강히 거부하여 무산됐다. 만약 담당 검사가 그의 과거 이력을 조사했다면, 그가 스무 살 때 '문명의 충격'을 겪은 일이 있었다는 사실에 주목했을지 모

---

[93] 『친일파 99인』 제1권에 수록된 김도형 계명대 교수의 '박중양: 3·1 운동 진압 직접 지휘한 대표적 친일파' 참조.

1910년대의 박중양.

른다. 그랬다면 정신이상을 근거로 불기소 처분을 내린 검찰의 결론에 변화가 생겼을 가능성도 없지 않다.

스스로 일본인 이발소를 찾아가 상투를 자르다

박중양은 1874년 5월에 출생했다. 1868년 메이지유신 이후의 일본이 외국을 최초로 침략한 대만 침공이 있었던 달에 태어난 것이다. 『매천야록』에서 박중양을 지방 아전이라고 언급하고 있는 것을 보면, 아버지 역시 아전이었을 확률이 높다. 지방 아전 직은 세습되는 게 보통이었다.

박중양은 1894년에 문명의 충격을 받았다. 그해에 동학혁명이 일어나고 일본군이 자국민 보호를 빌미로 상륙했다. 일본군은 조선에서 청일전쟁을 일으켜 청나라를 제압하고, 여세를 몰아 동학 혁명군까지 진압했다. 바로 그 일본군을 박중양은 한양 동소문 근처에서 우연히 조우했다. 오늘날의 서울 대학로 인근에서 일본 군과 부딪혔던 것이다.

보통 사람들 같았으면 외국 군대를 보고 겁을 먹었을 것이다. 하지만 그는 달랐다. 그는 동경의 눈빛으로 일본군을 바라봤다. 2019년에 『일본공간』 제26호에 실린 이형식 고려대 교수의 논문 '친일 관료 박중양과 조선 통치'는 우연한 조우를 계기로 박중양이 일본을 좋아하는 사람으로 변모했다고 설명한다.

박중양은 일본군이 청나라를 꺾고 승세를 타는 소식에 매료됐고, 신흥 강대국 일본을 모방하는 사람이 되어갔다. 일본인을 닮고자 외모도 개조했다. 위 논문은 "일본인 이발소에서 상투를 자르고 일본인과 술을 마시면서 필담하는 등 일본인과 친밀하게 교류하였다."라고 설명한다. 그 시절에 일본인 헤어스타일이 부러워 일본인 이발소까지 찾아갔던 것이다. 단발령을 강요할 필요도 없었던, 못 말리는 친일파가 될 조짐이었다.

박중양이 일본을 얼마나 좋아했는지는, 전답을 팔아 그 돈으로 일본으로 유학을 떠난 사실에서도 증명된다. 그는 부인과 두 아들을 한국에 둔 채, 1896년 10월 게이오기주쿠에 입학하기 위해 일본으로 떠났다.

박중양이 가족과 재산을 과감히 등지고 떠난 데는 신분제에 대한 불만도 작용했던 것으로 보인다. 일본을 기회의 나라로 높

러일전쟁 당시 일본군.

이 평가한 사실은 자신을 제약하는 아전 신분에 대한 불만과도 관련이 있을 수 있다. 과거제가 폐지된 1894년 이전만 해도 노비가 아니면 누구나 과거시험에 응시할 수 있었지만, 아전 신분은 아무래도 출세에 걸림돌이 됐다. 과거제가 폐지된 직후에도 이런 제약은 곧바로 해소되지 않았다. 박중양은 일본을 평등 사회로 높이 평가했다. 조선보다 강해진 나라이자 자신의 신분이 무의미한 그곳에 가야 미래가 열릴 수 있으리라는 판단도 했으리라 볼 수 있다.

일본 상인들을 위해 대구 성벽을 밀어버리다

박중양은 탁월한 일본어 실력으로 광범위한 인맥을 쌓고 러일

노년의 박중양.

전쟁 때 돌아왔다. 전쟁 발발 1년 전인 1903년부터는 야마모토
마코토山本信라는 일본 이름까지 사용했다. 그에게는 창씨개명을
권유할 필요도 없었던 것이다.

그 후 그는 자신이 일본을 얼마나 사랑하는지를 증명했다. 누
가 시키지 않았는데도 러일전쟁에 통역으로 자원했다. 일본의 지
원으로 경상북도관찰사가 됐을 때는 일본 상인들을 위해 대구 성
벽을 밀어버리기까지 했다. 한국인들이 구축한 견고한 상권 때문
에 일본 상인들이 대구성 내에 진입하지 못한다는 이유에서였다.
그래서 아예 성벽을 허물어버린 것이다. 박중양은 성벽을 허물고
그 자리에 도로를 냈다. 그 길이 오늘날 대구의 동성로·남성로·
북성로·서성로이다.

박중양은 일본인들이 부동산을 쉽게 사들일 수 있도록 하는

데도 발 벗고 나섰다. 이를 위해 공권력도 과감히 동원했다. 1909년에는 이토 히로부미가 순시할 때 일장기를 걸지 않았다는 이유로 대구 수창학교의 폐교를 추진했다. 1919년 3·1운동 때는 직접 부대를 조직해 진압군 행세까지 했다. 그 공로로 훈장도 받았다.

"한국에서 가장 좋은 관리는 오로지 박중양"

박중양은 오늘날로 치면 국회 부의장 비슷한 중추원 부의장을 역임하고, 한국인으로서는 드물게 일본제국의회 귀족원 의원도 역임했다. 조선비행기공업주식회사 설립에 참여해 군수품 제작에도 관여했다. 그래서 일본인들은 그를 좋아했다. 일제강점기 이전에도 그랬다. 『매천야록』에 따르면, 이토 히로부미가 대한제국 정부에 "한국에서 가장 좋은 관리는 오로지 박중양이다."라고 강추한 일까지 있었다. 이렇게 이토의 사랑을 받다 보니 이토의 양아들이라는 소문도 나돌게 됐다.

박중양은 일본의 위세를 빌려 고위 관직도 역임하고, 고액 연봉이 보장되는 중추원 부의장도 지내고, 제국의회 귀족원 의원도 지냈다. 일본 유학을 위해 팔아야 했던 전답보다 훨씬 많은 대가가 그에게 돌아갔다.

상당수의 친일파들은 일제 패망 뒤에 한국 국가기관에 취직했지만 박중양은 그러지 않았다. 해방 당시에 71세였으므로 그러기 쉽지 않았던 것이다. 그래서 일제 패망은 그에게는 재산 손실을 의미했다. 하지만 그는 개의치 않았다. 자신이 여전히 일본을 사랑한다는 사실을 숨기지 않았다.

이승만은 친일파들과 제휴하면서도 반일 노선을 표방했다. 외형상 반일 대통령으로 스스로를 자리매김했다. 박중양은 그런 이승만에게 일본을 찬양하는 『신년 소감』을 발송해 세상을 떠들썩하게 만들었다. 대부분의 친일파들이 세상의 시선을 의식해 친일파가 아닌 척하고 숨어 살았던 것과 대조되는 파렴치한 모습이다. 오죽했으면 대구지검 부장검사가 정신감정을 부탁했을까.

26

공자님을 팔아 친일한,
'좀 더 높이 나는 친일파'

학벌도 문벌도 없지만 '대일 충성도'는 최고였던 박상준

금도를 넘어 친일한 이들도 있다. 부처님과 예수님까지 팔아 친일한 사람들이 그들이다. 지금의 서울 강남구 봉은사 주지였던 홍태욱은 범종과 불구 등을 떼어내 일본에 헌납했고, 해주제일교회 목사였던 김응순은 교회 종과 철문 등을 떼어내 일제에 바치는 운동을 주도했다.

유교에도 그런 인물이 있었다. 조선시대의 성균관 대제학에 상응하는 일제 치하의 경학원 대제학 박상준이 그런 부류였다. 성균관은 대학의 기능과 함께 공자 사당의 기능도 수행했다. 일제때 '경학원'으로 불린 이곳에서 박상준은 제사 용구를 걷어내 군국주의 전쟁에 바쳤다. 그의 반민족적이고 반유교적인 행위를 만

날 수 있는 자료가 남아 있다.

> "(1943년) 8월 5일 박택朴澤 대제학과 이경식 사성이 헌납 제기 계計 372점, 중량 310관貫 300문匆에 대한 목록을 해군 무관부에 제출했으며, 익翌 6일 오후 2시 박택 대제학, 도변渡邊 고문 및 이경식 사성이 현품을 헌납했다." [94]

창씨개명으로 '박택상준'이 된 박상준이 조선총독부 학무국장인 와타나베 도요히코渡邊豊日子, 경학원 사성인 이경식과 함께 성균관 제기들을 일본 해군에 헌납했던 것이다. 물론, 성균관에 있던 제기를 모조리 다 갖다가 바친 것은 아니었다. 그렇지만, 유교를 이끄는 인물이 공자님의 물건을 제국주의 전쟁에 헌납했으니, 민족 차원을 떠나 종교 차원에서도 패륜적인 사건이었다.

일제의 강요로 어쩔 수 없이 그랬던 것도 아닌 듯하다. 처음에는 식민지 교육 책임자인 와타나베 학무국장도 성균관 제기 헌납을 반대했다. 와타나베는 82세 때인 1967년 9월 21일 「조선총독부 회고담」을 구술했다. 이 글에서 그는 자신은 '지방 문묘에 있는 금속 제기만 거두고 성균관에 있는 것은 그냥 놔두자'고 생각했지만 "당시의 경학원 대제학 박택상준이 자신은 학문도 문벌도 없

---

[94] 1944년 4월에 발행된 경학원 기관지 「경학원잡지」 제48호 참조.

는데 총재에 세워주신 은혜에 보답하기 위해 모두 내놓게 하자고" 했다고 회고했다. 박상준이 자신을 성균관 책임자로 임명해준 것에 대한 일본의 은혜에 보답하고자 공자 사당의 제사 용기를 바치고자 했다는 것이다.

1940년에 대제학 취임 당시 공자의 가르침을 역설했던 인물이 하필이면 공자님의 물건을, 하필이면 군국주의 전쟁에 헌납했다.[95] 패륜이자 모순이었다.

은혜를 특히 많이 느낀 배경

박상준은 성균관 책임자가 되기는 했지만, 그의 인생 궤적은 성균관과 거리가 멀었다. 일본에 의한 시장개방 이듬해인 1877년 3월 평안남도 성천군에서 출생한 그는 대한제국 농상공부 산하의 전보사電報司에서 전기통신업무를 관장하는 것으로 사회생활을 시작했다. 21세 때인 1898년에 평안도 안주전보사 견습생이 된 그는 1900년에 간부급인 금성전보사 주사가 됐다. 이 일은 오래가지 못했다. 26세 때인 1903년에 퇴직하고 4년 뒤에 고향에서 사립

---

[95] 1940년 10월 대제학 취임 당시 박상준은 "수기치인(修己治人)의 근본 정신을 발휘하여 도와 덕과 그 외 온갖 윤리적인 것을 생활화, 즉 실천궁행해야 할 것이 그 첫째외다."라고 발언했다. 공자의 가르침인 『대학』에서 강조되는 수기(격물·치지·성의·정심)와 치인(제가·치국·평천하)의 중요성을 역설했던 것이다.

경학원의 모습.

동명학교 교감 겸 교사가 됐다.

전보사를 그만두고 공직을 퇴직한 뒤 서른 살에 사립학교 교원이 됐다. 이것은 그의 사회적 위치를 바꾸는 계기가 됐다. 교사가 된 이듬해에 그는 군수가 되어 공직으로 복귀했다. 1908년에 평안도 강동군수가 됐고, 1910년 일제 강점 후에도 군수직을 수행했다.

그 뒤로 안정적인 승진 코스를 밟아갔다. 44세 때인 1921년, 평안남도 참여관이 됐다. 5년 뒤인 1926년에는 강원도지사가 됐다. 그 뒤 함경북도 및 황해도 지사에 이어 1939년에 총독부 자문기관인 중추원의 참의가 되고, 1940년에 문제의 경학원 대제학이 됐다. 유교와 무관한 일을 하다가 대제학이 됐기에 "학문도 문벌도 없는데 총재에 세워주신 은혜"에 보답하고자 성균관 제기들을 바치고 싶다고 했던 것이다.

일본귀족원으로

'학문도 문벌도 없는' 그의 승승장구는 그 정도로 그치지 않았다. 1945년에는 일본 상원인 귀족원 의원에까지 진출했다. 나루히토 일왕의 할아버지인 히로히토에 의해 상원 의원에 임명됐던 것이다. 학문·문벌보다 더 중요한 '대일 충성도'가 이 같은 승승장구의 배경이었다.

박상준은 일제가 한국의 인적·물적 자원을 침략전쟁에 동원할 목적으로 만든 국민총력조선연맹·흥아보국단·조선임전보국단 등에서도 한 자리씩 차지했다. 일제 식민 지배를 평시뿐 아니라 전시에도 보조하는 데 참여했던 것이다.

박상준은 33세 때인 1910년부터 일제의 밥을 먹었다. 군수·참여관·도지사를 거쳐 중추원 참의와 귀족원 의원을 역임하면서 일제 지배 35년 동안 따박따박 친일재산을 축적했다. 심지어 그는 무려 일곱 번이나 일본 정부의 훈포상을 받았다.[96] 이 같은

---

[96] 『조선총독부관보』에 따르면, 박상준은 1913년, 1915년, 1917년, 1925년, 1926년, 1929년, 1935년에 일본 정부의 훈포상을 받았다.

일제의 '인증'은 그가 안정적으로 친일재산을 쌓아가는 데 밑바탕이 됐다.

한참 빗나간 '평양의 이층집' 비유

박상준은 일제에 빌붙어 안정적으로 먹고 사는 것에 긍지를 느꼈다. 그 자부심은 1919년 3·1운동 시기에 나온 글에서도 느낄 수 있다. 평안도 순천군수로 있을 때 자신이 생각하는 훌륭한 삶의 방식을 당당하게 드러낸 글이 있는데, 그가 생각하는 훌륭한 삶이란 일제에 맞서 대한독립 만세를 부르는 게 아니라 일본에 기대어 일본제국 만세를 부르는 삶이었다.[97] 이 정도면 '친일 확신범'이다.

성난 민심을 달래고 선도한다는 명분으로 발표한 이 글에서, 그는 식민지 한국은 일본의 지배 덕분에 이익을 얻고 있다고 주장했다. 일제 강점 뒤에 평양에서 이층집들이 늘어난 사실을 떠올려보라고 역설했다. 『친일파 99인』에 따르면 그는 일제 식민지배를 찬미하는 대목에서 "평양 시내에 수백 채의 이층집이 들어"

---

[97] 『친일파 99인』 제1권에 실린 김도형 계명대 교수의 기고문 '박상준: 불가능한 독립 대신 행복한 식민지 택한 확신범'에 따르면, 그는 평안도 순천군수 재임 당시에 쓴 '민심의 수무선도(綏撫善導)에 관하여'에서 자신이 생각하는 훌륭한 삶의 방식을 추천했다.

일제 강점기 평양의 모습.

선 사실을 예시했다. 그 이층집에 누가 사는지는 언급하지 않고 이층집이 늘어난 사실만을 근거로 식민지 근대화론을 폈던 것이다. 강보에 싸인 어린아이가 어른의 도움 없이 일어설 수 없듯이 식민지 한국 역시 일본의 도움 없이는 홀로 설 수 없다고 주장했다. 한국은 일본 없이는 살 수 없으니 만세운동 같은 것은 하지 말라는 메시지였다.

징병 실시에 감격한 남자, 그런데 말입니다

박상준은 일제 식민 지배가 자기 인생에 긍정적으로 작용하는 것을 경험했다. 그래서 식민 지배에 감사를 표하면서 살았다. 그는 일제 말기에는 강제징병을 적극 찬양하는 방법으로 감사한 마음을 표현했다. 일제가 한국에까지 강제징병을 실시한 1943년 8월 1일, 그는 감격에 겨워 어쩔 줄 몰라했다. 그때 박상준은 이미 66세의 노인이었다. 아들도 아니고 손자뻘인 청년들이 죽음의 전장으로 내몰리게 된 것이 너무나 좋았던 박상준은 일왕이 한일 양쪽을 하나같은 눈길로 바라보고 어진 마음을 동일하게 베풀어준 결과로 역사적인 한국인 징병제가 실시됐다고 감격해하는 글을 썼다. '성은이 망극하다'는 마음도 표시했다. 식민지 한국 청년들은 어떻게든 그 '성은'을 기피하려고 발버둥을 치던 당시에 박상준은 그 성은에 대해 "기피 감사"했던 것이다.[98]

박상준은 한국 민중이 일본에 희생하도록 유도하는 대가로 자신의 기득권을 확대·강화한 악질적인 친일파였다. 이익을 위해서라면 제국주의와도 손잡을 뿐 아니라, 공자님은 물론이고 한국 청년들까지도 얼마든지 희생시킬 수 있는 인물이었다. 그는 중추원 참의를 넘어 일본귀족원 의원까지 됐다. 중추원에는 친일파의 중추 세력이 포진해 있었다. 그런 중추원을 넘어 귀족원까지 들어갔다. '뛰는 친일파' 위에 '나는 친일파'가 있다면, 그는 '나는 친일파'

---

[98] 1943년 8월 2일자 「매일신보」에 실린 원문은 다음과 같다. "역사적인 8월 1일 이날을 마지하야 감사 감격하는 바가 만타. 첫째로 일시동인(一視同仁)의 황은에 감사를 드린다. 이번의 징병제 실시도 2천 5백만의 신민(臣民)에게 내려주신 광대무변한 성은의 결과다. 우리는 이 명예로운 징병제의 실시로 인하야 반도의 청소년도 이제는 완전히 제국 군인의 한 사람으로서 황국을 위하야 충성을 다할 날이 왓슴을 기뻐하는 동시에 일시동인의 성은을 기피 감사하여 마지 않는 것이다."

박상준.

들 중에서도 '좀 더 높이 나는 친일파'였다.

박상준은 1945년 9월 2일에 사망했다. 해방이 된 지 불과 17일
뒤였다. 조금만 더 오래 살았다면 단죄를 받았을지 모르지만, 그
는 평생의 친일 행적에 대해 어떤 반성이나 단죄도 없이 잘 먹고
잘 살다 평온하게 갔다.

27

독립투사를 죽여
압록강 얼음물에 던진 잔혹함

임시정부가 반드시 처단해야 할 인물로 지목한 '공작 수사의 달인' 김극일

교원 출신인 김극일金極一은 "극심한 충성을 바친 자"였다. 극심한 충성을 바쳤다는 표현은 1949년에 반민특위에서 나왔다. '극심한 충성'이란 표현을 근거로 지극정성의 이미지를 떠올리면 안 된다. 극악무도의 이미지를 떠올려야 맞다. 독립운동가들을 잔혹하게 다뤘다는 의미에서 나온 표현이기 때문이다.

김극일이 어찌나 극악무도했는지, 상하이 임시정부가 '반드시 살해해야 할 일곱 유형'을 거론할 때 그의 이름이 예시됐을 정도다. 임시정부의 '레드카드'를 받을 정도로 극악무도했던 자였던 것이다.

임시정부 기관지인 「독립신문」 기사 중에 '칠가살七可殺'이 있다.

3·1운동 이듬해에 발행된 이 기사에서 임시정부는 '적괴敵魁, 매국적賣國賊, 창귀倀鬼, 친일의 부호, 적의 관리된 자, 불량배, 모반자'를 칠가살로 규정했다. 여기서 말하는 적괴는 총독부 정무총감, 한국독립 반대론자, 헌병·경관 등이다.

호랑이 앞에 서서 나쁜 짓을 한다는 창귀는 독립운동을 방해하는 밀정이나 경찰이다. 모반자는 독립운동에 참여했다가 변절한 사람 또는 독립운동 진영을 분열시키는 이들을 뜻했다. 기사는 "3. 창귀를 가살可殺"로 시작하는 문단에서 김극일의 이름을 거론했다.

> "혹은 고등 정탐 혹은 그냥 형사로 아我 독립운동의 비밀을 적에게 밀고하거나 아我 지사를 체포하며 동포를 구타하는 추류醜類들이니 선우갑, 김태석, 김극일과 갓흔 흉적이라." [99]

김극일은 '고문왕' 김태석과 함께 창귀로 규정되면서 추한 부류로 언급됐다. 독립투사들의 눈에 김극일이 어떻게 비쳤는지 느낄 수 있다.

위 기사는 이 같은 사람들에게는 반드시 즉시 복수를 해야 한다고 한 뒤, 김극일 같은 친일파는 하늘 끝과 땅 모퉁이 어디로

[99] 1920년 2월 5일자 「독립신문」 기사 참조.

가더라도 죽음의 저주를 받도록 해야 한다고 선언했다.[100] 그 정
도로 극악무도한 인물로 비쳐졌던 것이다.

교사에서 경찰로, 행정관료로

김극일은 청일전쟁 4년 전인 1890년 4월 9일 평안도 의주에서
출생했다. 열아홉 때인 1909년 3월 평양 대성학교를 졸업하고 고
향의 취명학교 교원으로 부임했다.

그러나 교원 생활은 오래 하지 않았다. 1910년 2월 신의주경찰
서 순사로 변신했다. 그해 6월 24일 대한제국 경찰권이 박탈되고,
8월 29일 대한제국이 멸망하자 일본 순사보가 되고 다음 달에 순
사가 됐다. 대한제국의 멸망이 김극일에게는 '승진 찬스'가 되었던
것이다.

1914년에 그는 문관시험에 합격했다. 그런 뒤 1916년에 두 계급
위인 경부警部로 승진했다. 경찰서 과장급이 된 것이다. 31세 때인
1921년에 경시가 됐고, 그 뒤 경남경찰부·부산경찰서·강원도경
찰부에서 근무했다.

1927년에 그는 또 한 번 변신했다. 이번에는 행정관료로 탈바
꿈했다. 이때부터 김화군수·양양군수·인제군수를 역임하다가

---

[100] 원문은 다음과 같다. "천애지각(天涯地角) 어듸로 가더라도 사(死)의 저주를
도피치 못하도록 함이 애국자의 의무"

1931년 12월 11일 의원면직 형식으로 공직에서 물러났다.

독립투사를 살해하고 한겨울 압록강에 던지다

1920년 6월 24일자 「독립신문」 1면은 김극일의 실명을 거론하면서 "일신의 안전일망정 도(圖, 도모)하려거든 창귀 노릇을 그만둘지어다."라며 "너의 믿고 바라는 왜倭의 칼이 백이뇨 천이뇨"라고 경고했다. 그런 뒤 "다시 한번 혈루로써 충고하노니 이때에 단연히 퇴직할지어다."라고 선언했다. 임시정부가 이처럼 혈루로써 퇴직을 권고했다. 피눈물 하는 이 권고가 있은 지 7년 만에 그는 경찰을 그만두고 군수가 됐다가, 군수가 된 지 4년 만에 공직을 떠났다.

임시정부가 실명까지 거론하면서 경고장을 보낸 것은 그가 독립운동가들을 잔혹하게 대했기 때문이다. '극심한 충성을 바치는 자'라는 말은 그런 의미였다. 그의 잔혹함을 보여주는 대표적 사례가 독립운동가 장지홍 살해 사건이다. 독립투사들을 체포해 실적을 올리는 일반적인 친일 경찰들과 차원이 달랐다는 점이 이 사건에서 드러난다.

평양 출신인 장지홍은 3·1운동 뒤에 만주로 망명해 대한청년단연합회에서 독립운동을 했다. 그는 군자금 모집에서 단연 두각을 나타냈다. 『독립유공자공훈록』에 따르면, 그는 스무 살 전후에 국내로 잠입해 '내지內地 자산가 제씨諸氏에게 고함'이란 문서를 부

1919년 9월 1일 발행된 10달러 독립공채표.

호들에게 배포하고 군자금을 거둔 뒤 영수증을 발급했다. 연고가 있는 사람한테 자금을 부탁하는 선에서 그치지 않고, '국내 자산가 여러분'이란 표현으로 성명서까지 배포하면서 대담하게 자금을 모았다.

이런 독립운동가가 김극일 손에 죽임을 당했다. 국내 활동을 끝내고 만주로 돌아갈 준비를 하다가 그만 '창귀'를 만났던 것이다. 『독립유공자공훈록』은 이렇게 설명한다.

"1920년 겨울 한진산·문인곤 등과 함께 국내로 출장하여 활동하던 중 평북 경부 김극일을 만나 도강을 인도해준다는 꼬임에 빠져 안동현 진강산에서 암살되어 순국하였다. 사체가 압록강 얼음 속에 던져졌다고 한다."

　김극일은 경찰 신분을 숨기고 독립운동가들에게 접근해 도움을 제공할 듯이 해놓고 암살했다. 그런 뒤 압록강 얼음물 속에 시신을 던졌다. 독립투사를 붙잡아 재판에 넘기는 게 아니라 그냥 죽여버렸던 것이다. 동족들이 불과 1년 전에 목이 터져라 독립 만세를 외치는 것을 목격해놓고도 독립운동가들을 비정하고 참혹하게 대했던 것이다.

　김극일은 독립운동가 홍성익도 그런 식으로 대했다. 『친일반민족행위진상규명보고서』에 전문이 소개된 1920년 2월 12일자 「대한민국임시정부공보」가 김극일의 잔혹한 본성을 설명한다. 이 공보에 따르면, 독립운동을 하다가 중병에 걸린 홍성익이 압록강 건너 안동현에서 입원 치료를 받게 됐다. 이 첩보를 입수한 김극일은 무장 병력 40여 명을 동원해 병원을 포위하고 홍성익을 체포했다. 이날이 1920년 1월 20일이다.

　그런 뒤 김극일은 병원장 명의의 통지서를 조작해 환자 지인들을 병원으로 불러들였다. 전갈을 받고 임시정부 연락책인 황대벽, 김기준 등이 병원으로 달려갔다가 그 자리에서 체포됐다. 이로 인해 안동현의 임시정부 연락망이 와해됐다. 병상에 누워 있다 끌려간 홍성익은 잔혹한 대우를 받았다. 그가 중환자라는 점은 고려되지 않았다. 홍성익은 "불법한 체포와 악형을 못 이기어" 체포된 지 불과 나흘 뒤인 1월 24일 세상을 떠났다.

김극일은 공작 수사에 능했다. 그에게 체포된 독립운동가 일부가 강물에 던져지거나 고문 중에 순국했다. 임시정부가 실명을 거론하면서 경고장을 보낼 만한 이유가 충분했던 것이다.

'극심한 충성'에 극소한 제재

일제는 김극일에게 훈장과 기념장을 수여했다. 경찰을 그만둔 뒤에도, 군수를 그만둔 뒤에도 그랬다. 1945년 해방 이후의 미군정과 대한민국 정부는 상을 주지는 않았지만, 불이익도 주지 않았다. 김극일은 1949년 2월 서울 동숭동 자택에서 반민특위에 검거되어 재판에 회부되었지만, 8월에 공소시효 기간 만료가 되기 이전에 보석으로 석방되었다. 그리고 한국전쟁 때인 1950년 7월에 납북되었다.

『친일인명사전』에 따르면, 반민특위는 "왜경의 원로 김극일", "일제에 극심한 충성을 바친 자"라는 표현으로 김극일을 평가했다. 이 같은 '극심한 충성'에 대해 일제는 안정적인 연봉으로 보답했다. 김극일은 1921년부터 1926년까지 경찰 간부로서 매년 1,100~1,600원의 연봉을 받았고, 1926년부터 1931년까지 군수 노릇을 하며 매년 1,600~2,150원의 연봉을 받았다.[101] 해마다 당시

---

[101] 『친일재산 조사 4년의 발자취』(2010) 참조.

중급 가옥 1칸 이상을 받았던 것이다.

그가 일제에 빌붙어 벌어들인 친일 자산에 비해 대한민국이 귀속 대상으로 지정한 재산은 보잘것없다. 『친일재산 조사 4년의 발자취』가 발행될 당시, 대한민국이 귀속 대상으로 지정한 김극일의 재산은 강원도 인제군 남면에 있는 시가 3,755만 4,000원어치 부동산뿐이었다. '극심한 충성'에 비해 너무 극소한 제재였다.

28

고종의 러시아 망명을 일러바친
이토 히로부미의 '요녀'

친일이 '수지맞는 장사'였던 일본의 비밀 첩자 배정자

배정자는 스타급 주목을 받은 친일파다. 사회적 지탄도 받았지만, 그 이상의 관심을 끌었다. 1966년에 배우 김지미가 그를 연기했고, 2012년에 배우 한채아가 그를 연상시키는 배역을 연기했다. 임시정부 기관지 「독립신문」은 그를 '요녀'로 지칭했다. 김지미 영화인 「요화 배정자」에서는 요화라는 표현이 사용됐지만, 임시정부 기관지에서는 요녀라는 표현이 쓰였다. 대한민국 헌법 전문은 대한민국의 법통이 임시정부에 있다고 선언했다. 그런 임시정부가 배정자를 요녀로 지칭했으니, 그는 대한민국 공식 요녀로 볼 수도 있다.

본명이 배분남인 배정자는 고종이 아버지 홍선대원군을 실각

시키고 실질적 군주가 되기 3년 전인 1870년 경남 김해에서 출생
했다. 김해 아전 배지홍의 딸인 그는 네 살 때 아버지가 역모죄로
처형되는 바람에 어머니와 함께 도피 생활을 시작했다. 아버지가
역모죄인이 된 것은 흥선대원군과 연줄이 있다는 이유에서였다.
구한말 역사서인 황현의 『매천야록』은 "운현궁쪽 사람으로 지목되
면 풀 베듯 잘라버렸다."고 전한다. 흥선대원군에 대한 정치보복
의 광풍 속에서 배정자의 아버지가 역모죄에 걸렸던 것이다.

가족이 역모죄에 걸리면 나머지 가족은 원칙상 관노비가 됐다.
그의 어머니는 자녀들과 함께 달아났고, 9년 뒤인 1883년 배정자
를 경남 양산 통도사에 맡겼다. 승려가 되기 싫었던 13세 소녀 배
정자는 1년 뒤 도주해 주점에서 일하다가 경남 밀양에서 체포됐
다. 관노비가 될 처지에 놓였던 그는 아버지의 지인인 밀양부사
정병하의 도움으로 달아날 수 있게 됐다. 정병하는 일본 상인이
자 첩보원인 마쓰노 히코노스케松尾彦之助에게 부탁했고, 마쓰노
는 배정자를 일본행 배에 태웠다. 1885년의 이 일은 배정자가 갑
신정변 망명객인 김옥균을 만나고, 1887년에 김옥균의 소개로 초
대 총리대신 이토 히로부미(재임 1885~1888)를 만나는 결과로 이어
졌다.

17세 조선 소녀는 이토의 마음을 사로잡았다. 이토는 그를 가
사도우미 겸 양녀로 삼았다. 다야마 데이코田山貞子란 이름도 지어
줬다. 이 때문에 그는 한국에서 정자로 불리게 됐다. 이토는 그에
게 수영·승마·사격술·변장술 등을 가르쳤다. 당시로서는 신문

명인 자전거 운전술도 가르쳤다. 특수 첩자로 키우기 위해 엄청난 투자를 했던 것이다.

그 뒤 조선에 투입된 배정자는 왕실을 상대로 스파이 활동을 하며 일제의 대한제국 침략에 앞장섰다. 중국·만주·시베리아 등지의 일본 영사관과도 협조했다. 현지 한국인들의 동향을 정탐하고 독립운동가들을 색출하는 데 가담했던 것이다.

고종의 치명적인 말실수, "내가 러시아에 가게 되면……"

배정자가 스물아홉 살 때인 1899년에 하야시 곤스케가 주한 일본공사에 임명됐다. 배정자는 통역원으로 수행했다. 당시 일본의 최대 과제는 조선에서 러시아를 확실히 몰아내는 것이었다. 청나라는 청일전쟁을 통해 이미 몰아낸 뒤였으므로 러시아만 몰아내면 조선을 통째로 차지할 수 있었다. 배정자는 고종과 러시아를 갈라놓기 위해 황실에 접근했다. 고종의 후궁인 엄귀인의 친척에게 접근하고, 그다음에 엄귀인에게 접근했다. 그런 뒤, 엄귀인의 소개로 고종에게 접근했다. 고종은 배정자의 외모와 화술에 끌려 가까이하게 됐다.

배정자는 결정적인 공을 세웠다. 당시 친러파는 해외여행 명목으로 고종을 블라디보스토크에 망명시킬 계획을 세웠다. 고종을 일본의 수중으로부터 떼어놓는 것이 목적이었다. 고종도 이 계획을 수용했다. 이 낌새를 파악한 게 배정자였다.

배정자.

1949년 2월에 발행된 친일 분야의 대표적 문헌인『민족정기의 심판』에 따르면, 하루는 고종이 배정자 앞에서 말실수를 했다. "내가 러시아에 가게 되면 정자도 동행하는 게 어떨꼬?"라며 1급 비밀을 누설한 것이다. 배정자는 일본공사관에 즉각 보고했고, 일본군은 러시아에 대한 저지에 나섰다. 며칠 뒤 인천 앞바다에서 러시아 군함 2척이 일본 군함에 격침됐다. 러시아 군함은 고종을 태우기 위해 인천 앞바다에 대기하고 있었던 것 같다. 고종과 친러파의 비밀 계획은 그렇게 물거품이 됐다.

일본 자금에도 접근

배정자가 첩보 분야에서만 일본에 충성한 것은 아니다. 여성들을 제국주의 희생물로 전락시키는 데도 간여했다.『친일인명사전』

제2권은 "1941년 태평양전쟁 개전 이후에는 조선 여성을 동원해 일본군 위문대를 조직한 후 남양군도에서 위문 활동을 벌였다."고 설명한다.

1941년이면 그의 나이 71세였다. 과거에 이토 히로부미의 후광을 입었을 뿐 아니라 조선 총독과도 만날 수 있는 위치에 있었기 때문에, 그가 하기 싫어하는 일을 일본이 무리하게 강요하기는 힘들었다. 위문대 활동은 그때까지 해온 분야와도 거리가 멀기 때문에, 배정자 본인이 원치 않았다면 일본이 시키기 어려웠다. 그런데도 어린 손녀뻘밖에 안 되는 소녀나 처녀들을 일본군 위안 활동에 동원했다는 것은 그가 인간적으로도 매우 몰인정했음을 느끼게 만든다.

그는 조선총독부 촉탁직 직함을 갖고 활동할 때가 많았다. 여기서 생기는 수당 외에, 굵직한 사건을 처리한 뒤에 보너스도 꽤 있었던 것으로 보인다. 『친일인명사전』을 보자.

> "3·1운동이 일어나자 하얼빈에서 조선인들을 설득해 일을 원만히 해결한 공로로 조선총독부로부터 1,000원, 일본총영사관으로부터 600원을 기밀비로 받았다." [102]

---

[102] 『친일인명사전』 제2권 배정자 편 참조.

3·1운동 뒤에 일본영사관의 공작 활동을 도와준 대가로 1,600원을 받았던 것이다. 1910년대 식민지 조선의 상점 점원들은 식사 제공에 월급 10원을 받았다. 배정자가 받은 돈은 평범한 상점 점원 160명의 월급에 해당한다.

배정자는 다른 루트로도 일본 자금에 접근했다. 1921년에 만주 지역 친일무장단체인 만주보민회의 창설을 돕고자 일본 외무성에서 무려 200만 원을 끌어다 썼다. 현재로 치면 천 억 원대나 되는 큰돈을 얻어낼 수 있는 위치에 있었던 것이다. 친일 행위가 배정자에게는 '수지맞는 장사'였던 셈이다.

돈을 펑펑 쓰다

1925년 당시 50대 중반의 나이가 된 배정자가 어떻게 살았는지를 알려주는 귀중한 정보가 있다. 일제강점기 지명으로 인천부 신화수리라는 곳에 사는 김삼수라는 독자가 「동아일보」에 질문을 보냈다. 그는 '배정자라는 여자는 어떤 인물입니까'라고 문의했고, 「동아일보」는 1925년 8월 21일자 2면 좌단에 답변을 실었다. 기자는 "배정자 같은 분을 물어주서서 쓰기가 고약합니다."라고 한 뒤 배정자의 일생을 간략히 소개했다.

이 설명을 들어보면 배정자의 첩보 활동을 지원하고자 일본 정부가 내준 비밀자금이 의외의 용도로 쓰이기도 했음을 알게 된다. "쓰기가 고약"하다는 위 기자는 배정자가 당시 60이 되어가는 나이인 쉰일곱 살이나 되어 머리가 희끗희끗하면서도 마흔여섯 살로 행세하고 있으며, 서른일곱 살로 죽은 아들보다도 나이가 어린 서른 살 정도의 이광수라는(33세인 춘원 이광수로 착각하지 말라고 기자는 주의를 줬다) 젊은 남자와 함께 즐겁고 안락한 생활을 하고 있으며, 지금의 서울 대학로 근처인 동소문 안쪽에 초당을 짓고 조만간 거기에 거주하게 된다고 썼다.[103] 친일 행위로 벌어들인 돈이 젊은 남자와 함께 살게 될 초당 건축에 쓰였던 것이다. 기사의 뒷부분에는 이런 일이 이때가 처음이 아니었음을 알려주는 내용이 뒤따랐다. 중국·만주·시베리아에서 한국인들을 밀고해 벌어들인 돈이 그렇게 쓰였던 것이다.

돈을 펑펑 쓰긴 했지만, 뒷일을 전혀 생각하지 않은 것은 아니다. 1949년에 남상용 서울 종로세무서장이 반민특위 재판부에 보고한 『재산 조사의 관한 건』에 따르면, 해방 뒤에도 서울 성북동에 배정자 명의의 대지가 있었다. 일정 수준 이상의 생활을 유지할 정도로 수입이 항상 뒷받침됐던 것이다.

1949년 2월 서울 돈암동 자택에서 반민특위 특경대에 체포된 배정자는 79세라는 고령을 이유로 보석으로 풀려났다. 세상을 떠

---

[103] 「동아일보」 1925년 8월 21일자 기사 원문은 다음과 같다. "그는 지금 나희가 륙십에 갓가운 쉰일곱이나 되어 머리가 횟검횟검하여 가지고도 행세하기는 마흔여섯이라고 하며, 죽은 그의 아들 뎐유화(田有華, 37)보다도 젊은 삼십 가량된 리광수(춘원은 아니오)라는 새파란 청년과 함께 락텬 생활을 한다고 하며, 방금 동소문 안 엇던 곳에 일간 초당을 새로 짓고 산다는데."

난 것은 한국전쟁 중인 1952년 2월 27일이다.

배정자의 주 수입원은 독립투사들을 고발하거나 한국인들의 움직임을 밀고해 월급이나 기밀비를 받는 것이었다. 그리고 그렇게 벌어들인 돈을 무절제하게 소비했다. 언론에 보도될 정도의 낭비벽을 보였다. 한때는 재산을 거의 탕진했다는 소문도 있었다. 그렇지만 재정적으로 항상 되살아났고. 죽기 3년 전에도 주택을 소유하고 있었다.

29

식민지 조선 1호 부자,
A급 전범 기시 노부스케를 돌보다

화신백화점 사장 박흥식의 용서받지 못할 과거

친일청산 열기가 가장 뜨거웠던 해방 공간에서 국민적 공분을 온몸으로 받아낸 인물이 박흥식이다. 그는 이 시절의 '욕받이'였다. 그가 미움을 산 것은 화신백화점으로 상징되는 식민지 조선 1호 부자였기 때문은 아니다. 저돌적인 친일의 결과로 거부를 축적했다는 사실이 세상을 분노케 만들었다.

기업인들의 친일은 헌금 기부 방식으로 이뤄지는 게 일반적이었다. 박흥식은 그 정도에 머물지 않았다. '1호' 타이틀이 붙을 만했다. 기업인으로서는 이례적으로 글과 말로도 친일을 했다. 또 일본군에 비행기를 제공한다는 명목으로 비행기회사도 차렸다.

박흥식이 차린 조선비행기공업주식회사는 태생적인 친일 기업

1949년 반민특위 재판 공판 모습.

이었다. 설립자 박흥식이 친일파이기 때문에 그렇다는 의미는 아니다. 처음부터 친일을 목적으로 설립된 기업이었다는 의미다. 박흥식 자신의 진술에서 이 점이 나타난다. 해방 직후에 자금 횡령 혐의로 법정에 섰을 때였다. 1946년 3월 19일의 일이다. 재판장이 비행기회사의 설립 동기를 질문했다.

　다음 날 발행된 「조선일보」 기사 '박흥식 공판'에 따르면, 박흥식은 "당시 조선총독부와 조선군 당국에서 징병제 실시에 대한 기념사업으로 전쟁 수행에 불가결인 비행기 제작회사를 만들 터이니 사장으로 취임하여 달라고 누차 권유"해서 부득이 취임하게 됐노라고 답변했다. 마지못해 설립했다고는 했지만, 설립 목적이 친일임을 알고 있었다는 사실이 진술에서 드러났다. 친일을 위해 비행기회사까지 만들었으니 세상의 미움이 집중될 수밖에 없었던 것이다.

103일 만에 풀려난 이유가 고작 '수면 부족과 신경쇠약'?

그런 그가 반민특위 활동 개시 사흘 뒤인 1949년 1월 8일 체포됐다. 이것이 반민특위 체포 1호 사건이다. 상징적 의미가 큰 사건이었다. 사흘 뒤 발행된 「동아일보」는 '반민법 첫 발동'이라는 부제목으로 의미를 부여했다. 하지만 구속 기간은 짧았다. 103일 만에 수면 부족과 신경쇠약을 이유로 보석으로 풀려났다.[104]

A급 친일파가 이런 식으로 유유히 빠져나갔으니, 국민적 분노가 클 수밖에 없었다. 보석을 허가해준 재판부를 향해 국민적 분노가 쏟아졌다. 반민특위 검찰관들의 집단 사퇴가 그런 분위기를 반영한다.

박흥식은 1961년 5·16 쿠데타 직후에도 체포됐다. 부정축재 혐의 때문이었다. 이번에는 100일도 안 되는 그해 7월 풀려났다. 군사정권이 잠시나마 가둬둔 것은 박흥식에 대한 원성이 이만저만이 아니었기 때문이다. 존경받을 수 없는 방식으로 돈을 번 그에 대한 분노가 눈덩이처럼 커져 있었던 것이다.

그렇게 대중의 미움을 사면서도 그는 여전히 부귀영화를 누렸다. 대중은 그를 친일파라고 손가락질했지만, 그는 항상 대중들보다 훨씬 편한 데서 살았다. 그곳에서 분주하고 정신없이 기업 활

---

[104] 1949년 4월 22일자 「경향신문」 4면 참조.

박흥식.

동을 이어갔다. 일제강점기 때만큼은 아닐지라도 그는 여전히 물질적으로 풍요로웠다. 그를 집중 조명한 「중앙일보」 기사에 시선을 끄는 구절이 있다.[105] 그의 부동산 규모에 관한 대목이다. 기사는 "해방 이후 한때 반민특위에 구속됐지만 화신백화점·화신산업·흥한방적 등을 중심으로 그는 여전히 재계의 선두자리를 지켜나갔다."고 한 뒤 이렇게 언급했다.

"화신백화점에서 안국동으로 이르는 대부분의 부동산이 그의 소유로 알려졌을 정도였다."

화신백화점은 서울 종각역 3번 출구 근처에 있었다. 지금도 '바

[105] 1988년 5월 18일자 「중앙일보」 '화신과 영욕 함께한 박흥식 씨 근황' 참조.

1940년대 화신백화점의 모습.

르게 살자'라는 돌비석 밑에 화신백화점 터를 알려주는 표지석이 놓여 있다. 이곳에서 안국동까지의 부동산 대부분이 박흥식 소유였다는 것이다. 해방 이후에도 그랬다는 것이다. 종각역에서 안국역까지는 대략 600미터다. 서울 시내에서 그만한 거리에 있는 부동산 대부분이 박흥식 소유였다는 것이다. 이런 생활을 해방이후에도 누렸으니, 친일파이냐 아니냐가 해방 이후 그의 생활에 별다른 영향을 주지 않았음을 알 수 있다.

사망 6년 전에 나온 위 「중앙일보」 기사에 따르면, 그는 대지 900평, 건평 120평 규모의 서울 종로구 가회동 177-1호에 살고 있었다. 이때는 1987년 6월항쟁 이듬해라 대중의 정치적 에너지가 강할 때였다. 또다시 세상이 뒤집히는 게 아닌가 하는 두려움이 그를 엄습했을 수도 있는 시기다. 이런 시기에도 그는 여전히 친일의 결과물인 물질적 풍요를 누리고 있었다.

사망 7년 전인 1987년 11월 4일, 그 집이 경매로 넘어갔다. 자금 난 때문이었다. 낙찰가는 10억 3,000만 원이었다. 그런데 위 기사가 나온 1988년 5월 18일 당시에는 그 집이 박흥식에게 돌아가 있었다. "박씨는 그 집을 대리인을 세워 다시 사들인 것으로 알려졌다."고 기사는 보도했다. 1987년 11월에 넘어간 집을 1988년 5월 이전에 도로 사들였다. 경매된 집을 도로 사려면 경매가보다 훨씬 높은 값을 치러야 한다. 1988년 시점에도 상당한 자금력을 갖고 있었던 것이다.

그의 기반이 해방 뒤에도 여전했다는 점은 1973년 뉴스에서도 나타난다. 그해 9월 1일 일본 소니사와 합작해 화신소니를 설립하고 사장에 취임했다. 자본금은 10억 원이었고 화신이 51%, 소니가 49%를 출자했다.

해방 뒤에 A급 전범 기시 노부스케를 돌보다

국민들은 박흥식이 제대로 처벌받지 않은 것에 분통을 터뜨렸다. 세상은 그가 참회하고 사죄하기를 기대했다. 하지만 그는 여전한 경제력을 유지하면서 세상의 시선을 아랑곳하지 않고 오로지 돈 버는 데만 열중했다. 8·15 해방으로 타격을 받은 '박흥식 월드'를 어떻게 재건할 것인가만 고민했을 뿐이다. 앞의 「중앙일보」 기사는 "기업을 어떻게든 다시 일으키겠다는 의욕이 대단하다는 주변의 얘기다.", "요즘 그는 잔여 재산 목록과 설계 도면을 바라보는 것이 유일한 취미"라고 전했다. 친일청산이나 참회·사죄 따위는 안중에도 없는 나날을 이어갔던 것이다.

그런 그의 의식 세계는 윤리적 둔감함에서도 나타난다. 박흥식은 1950년대에 아베 신조 전 일본 총리의 외할아버지이자 A급 전범인 기시 노부스케岸信介에게 생활비를 대줬다. 그것을 증언하는 기사가 있다.

> "박 씨는 그때 전범으로 스가모형무소에 복역하다 풀려난 기시 노부스케를 화신의 도쿄사무소 고문으로 위촉해 생활비를 돌봐주고 있었다." [106]

박흥식 자신이 친일 행적 때문에 반민특위에 체포된 적이 있으므로 더욱 더 조심하지 않으면 안 됐고, 또한 기시 노부스케가 어떤 인물인지 몰랐을 리 없는 박흥식이다. 그런 박흥식이 A급 전범의 생활비까지 대줬다는 것은 반민특위에 체포된 동안에 그가 반성을 했을지 원통해 했을지를 짐작케한다.

기시 노부스케와의 인연은 그 정도로 끝나지 않았다. 일본의 식민 지배를 눈감아주고 위안부·강제징용·강제징병을 사실상 덮은 한일기본조약과 부속 협정들이 체결될 때도 박흥식은 기시

---

[106] 박흥식과 접촉했던 김동조 전 외무부 장관이 1999년 10월 2일자 「문화일보」 '비화(秘話) 내가 겪은 한국 외교(15)'에서 회고한 내용이다.

기시 노부스케.

노부스케와의 인연을 활용했다. 박정희와 기시 노부스케 사이의 친서를 전달하는 밀사 역할을 그가 수행했다. '반성한 일본'이 아니라 '반성하지 않은 일본'의 영향력을 도로 끌어들이는 데도 앞장섰던 것이다.

친일파들의 죄과는 8·15 해방으로 끝난 것은 아니다. 그것은 8·15 이후에도 변함없이 이어졌다. 그들은 친일의 결과물인 영향력과 재산을 이용해 대한민국의 진보와 역사 청산을 방해했다. 박흥식의 예에서 나타나듯이 그들 상당수는 예전처럼 분주하고 정신없는 나날을 보냈다. 1호 친일파 박흥식의 해방 이후 행적은 친일 문제가 과거지사가 아닌 현재의 문제임을 똑똑히 증명한다.

심청이 공양미의
10배나 되는 쌀을 거둬들이다

하동군수 이항녕의 공출미 3,000석 수탈 대작전

공양미 300석은 효녀 심청뿐 아니라 웬만한 사람들도 마련하기 힘들었다. 조선시대 법전인 『경국대전』의 형전刑典은 노비 몸값에 대해 이렇게 규정하고 있다.

> "나이 16세 이상 50세 이하이면 가격이 저화 4천 장이고, 15세 이하이거나 51세 이상이면 저화 3천 장이다."

노비에 관한 법규가 형벌 법전에 규정된 것은 범죄자를 노비로 만들던 고대의 전통을 반영한다. 이들을 거래할 때 지폐인 저화를 기준으로 3천 장, 또는 4천 장을 주고받도록 했다.

그런데 태종 이방원 때인 1402년부터 유통된 저화는 대중의 호응을 받지 못해 화폐 기능을 발휘하지 못했다. 그래서 저화의 가치를 가늠하려면 다른 화폐로 환산해야 한다. 『경국대전』 호전은 "저화 1장은 쌀 1되에 준한다."라고 규정했다. 15세 이하나 51세 이상인 노비는 저화 3천 장에 거래됐으므로, 이들은 쌀 3,000되에 거래된 셈이다. 3,000되는 300말이고, 300말은 30석이었다. 이 연령대의 노비를 사려면 심청이가 마련해야 했던 공양미 300석의 10분의 1을 준비해야 했다.

그런데 실제로 노비는 저화 3천이나 4천 장보다 낮은 수준에서 매매되었다. 실제 가격보다 높은 금액을 법전에 규정했던 것이다. 노비 거래를 가급적 억제하기 위해서였다. 정도전을 비롯한 조선 건국의 주역들은 인신매매에 대한 거부감이 있었다. 정도전이 실각된 후에도 이런 거부감은 계속 이어져 『경국대전』에까지 반영됐던 것이다. 그래서 위 연령대 노비의 실제 몸값은 공양미 300석의 10분의 1보다 적었다. 이를 감안하면 심청이 300석 때문에 얼마나 애를 태웠을지 짐작할 수 있다. 『심청전』을 접한 조선 후기의 대중들도 당연히 부담을 느낄 만한 거액이었다.

공출미 3,000석을 위해 죽창을 들다

경상남도 하동군에서 심청이 몸값의 10배나 되는 공출미를 수탈한 친일파가 있었다. 1972년부터 1980년까지 홍익대 총장을 지낸 이항녕이 바로 그다. 대한제국 멸망 5년 뒤인 1915년 7월 25일 충남 아산에서 태어난 그는 경성제국대학에 재학 중이던 1939년 고등문관시험 행정과에 합격하고 1940년 3월 졸업과 동시에 조선총독부 학무국에 배치됐다. 거기에 있다가 28세 때 하동군수가 된 그는 현지에서 공출미 3,000여 석을 거둬들였다. 『친일인명사전』 제3권 이항녕 편은 이렇게 설명한다.

> "1941년 5월 고등관 7등의 군수로 승진해 경상남도 하동군수로 부임했으며…… 경상남도에서 하동군에 3만 석의 식량 공출이 할당되자 부하 직원들을 독려하여 3,000여 석을 공출했다."

이항녕이 거둬들인 공출미 3000여 석은 심청이 공양미 300석의 10배가 넘지만, 일제는 못마땅해했다. 애초에 할당된 공출미는 3만 석. 할당량의 10분의 1밖에 채우지 못했기 때문이다. 이 때문에 이항녕은 좌천을 당했다.

그로부터 48년 뒤인 1991년, 이항녕은 퇴임 이후 처음으로 하동군을 방문해 '도덕성 회복의 길'이라는 강연을 했다. 그는 "공출 실적이 도내에서 제일 나빠 1943년 말 창녕군수로 좌천"됐다고 털어놓았다. 공출 실적 때문에 그는 전남과 경남의 접경인 하동군에서 경남 통영과 대구의 중간쯤인 창녕군으로 옮겨갔다. 군수들이 선호하는 임지는 세금이 많이 걷히는 곳이었으므로, 하동군수가 창녕군수로 옮겨가는 게 좌천으로 받아들여진 것은 그런 맥락에서 이해할 수 있다.

그날 강당에는 일제강점기의 이항녕 군수를 기억하는 주민이 있었다. 만 79세 된 주민 정달호 씨는 옛 군수의 강연을 듣고 "일제시대 다른 군수들보다 이 박사가 모질지는 않았던 것으로 기억된다."고 말했다. 이 증언은 그날 이항녕의 강연 내용과 배치된다. 강연에서 이항녕은 "한 톨의 곡식이라도 더 공출받으려고 죽창으로 주민들을 위협까지 했던 저를 너그럽게 맞아주신 하동군민들에게 진심으로 사죄를 드립니다."라며 눈물을 글썽였기 때문이다. '공출미 3,000석'을 강탈하기 위해 군수가 죽창까지 집어들었던 것이다.

일본을 위해 열과 성을 다했지만

죽창을 들고 군민을 위협하는 28세 친일파 이항녕의 모습과 맥이 닿는 장면들이 그 이전에도 있었다. 그의 학창 시절에도 꽤 적극적인 친일의 순간이 있었다. 그가 고시에 합격한 시점은 1939년 10월이고 경성제대를 졸업한 시점은 1940년 3월이다. 두 시점의 중간에도 그는 친일에 나섰다. 1940년 1월에 녹기연맹에 가입한 것이다.

녹기綠旗연맹은 조선인의 자발적인 전쟁 동원과 황민화를 목표로 한 전시체제기 가장 대표적인 내선일체 민간단체였다. 녹기연맹은 일본 건국기념일인 1933년 2월 11일에 결성됐다. 일본 불교인 니치렌종日蓮宗에 기반한 수양단체의 형식을 띠고 일본 사상의 전파에 앞장선 조직이다.[107] 힘든 고시 생활을 끝마치자마자 친일 활동에 적극 나섰던 것이다.

녹기연맹이 녹색을 표방한 것은 그것이 생명의 상징이라는 이유에서였다. 혁명의 상징인 적기와 죽음의 상징인 흑기를 한국에서 몰아내고 이 식민지 땅을 녹색으로 입히겠다는 목표를 내세웠다. 일본 정신으로 한국을 개조하겠다는 의미를 그렇게 표현했던 것이다.

녹기연맹의 출발점이 바로 이항녕의 모교인 경성제국대학이었다. 1933년 경성제국대학 교수와 학생, 졸업생을 중심으로 경성에 있는 일본인에 의해 결성되었다. 그래서 고시 합격생 이항녕도 내선일체 운동에 쉽게 가담할 수 있었던 것이다.

본업만으로도 바쁠 텐데 친일 활동에 가담하는 이항녕의 모습은 총독부 학무국 시절에도 비슷하게 나타났다. 일제 공무원 생활을 하는 중에도 친일단체 좌담회에 나가고 '신체제와 국가 이념' 같은 친일 논설을 발표했다. 민간 단체인 황도학회의 발기인으로

---

[107] 1999년에 『한국근현대사연구』 제10집에 실린 정혜경·이승엽의 '일제하 녹기연맹의 활동'은 "연맹 스스로는 불교수양단체·사회교화단체를 표방했으나, 사실상 국가주의적 일련종의 이념에 기반한 국체론의 해설과 선전, 재조(在朝) 일본인 2세에 대한 일본정신의 교육 등 사상운동에 중심이 놓여 있었다."고 설명한다.

도 참여했다.[108]

그토록 열과 성을 다했건만 총독부는 매몰차게도 '과정'보다 '결과'를 중시했다. 죽창까지 들고 주민들을 위협했지만 공출미 3만 석을 다 채우지 못한 이항녕을 인정사정없이 좌천시켰다.

이항녕은 그런 상태로 1945년에 해방을 맞이했다. 미군정 하에서 군수로 유임되고 뒤이어 내무부 사회과장 발령을 받았지만 사양했다. 그리고, 그해 연말에 교육자로 변신했다. "해방 후에는 속죄하는 마음에서 교육계에 투신"했다고 회고했다.[109] 1945년 연말에 부산 청룡국민학교 교장이 된 그는 양산중학교장·양산농업학교장을 거쳐 1949년에 동아대 교수가 됐다. 그 후 고려대 교수와 학술원 회원을 거쳐 1960년 4·19 혁명 직후의 허정 과도내각에서 문교부(현재의 교육부) 차관을 지냈다.

1965년에 변호사 개업을 한 그는 1971년에 홍익대 학장이 되고 이듬해에 총장이 됐다. 1980년에 총장을 그만둔 뒤로는 경향신문 논설위원, 방송윤리위원장, 대한민국헌정회 이사장, 세계일보사 고문 등을 역임했다.

---

[108] 역사학자 임종국은 『친일문학론』에서 "황도학회는 내선일체의 실천을 위하여 일본 정신을 깨닫고 황도를 받잡자는 취지였다."고 한 뒤 발기인 중 하나로 이항녕을 거명했다.

[109] 1990년 6월 12일자 「매일경제」 17면 전면 기사 참조.

'나를 손가락질해다오', 적극 친일하고 적극 참회하다

이항녕은 경성제대를 졸업한 1940년 3월부터 5년간 일제의 녹봉을 받았다. 이렇게 친일재산을 축적하며 동족을 괴롭힌 일에 대해 그는 기회 있을 때마다 반성하고 사죄했다. 친일 활동을 할 때처럼 그러했듯이, 사죄에도 상당히 적극적이었다.

친일청산 열기가 고조되던 해방 직후에 그는 미군정 하의 공직을 마다하고 교육자로 변신했다. 4·19 혁명 뒤에는 친일 과오를 참회하는 『청산곡』이라는 소설을 6개월간 「경향신문」에 연재했다. 1979년 10·26사태로 박정희 유신체제가 붕괴돼 민주화 세력이 일시적으로 강해지던 때인 1980년 1월 26일에는 「조선일보」에 '나를 손가락질해다오'라는 참회의 글을 실었다. 1987년 6월항쟁과 1990년 전후의 탈냉전으로 세계 도처에서 민중의 기운이 강해지던 1990년대 초반에도 그랬다. 하동군을 방문한 것도 사죄의 마음을 표하기 위해서였다. 노무현 정부 때 친일청산 기운이 고조되던 2005년에도 그는 거듭 사죄했다.

친일을 참회하는 방법에는 여러 형태가 있다. 친일의 결과로 획득한 사회적 지위나 재산을 포기하는 방법도 있고, 친일청산 좌절로 인한 사회적 모순과 왜곡을 치유하기 위한 투쟁에 나서는 방법도 있다. 이항녕의 참회는 그런 단계에는 미치지 못했지만, 상당한 적극성을 띠었다. 한국 현대사에서 민중의 기운이 고조될 때마다 일부 친일파들은 친일청산 불가론을 외치며 시대 흐름에 거역했다. 이항녕은 그런 뻔뻔한 부류와는 거리가 있었다. 민중의 에너지가 고양될 때마다 그는 적극적인 반성의 자세를 보였다.

그런 태도가 기회주의적이라고 평가될 여지도 분명히 있지만, 긍정적으로 평가될 측면도 없지 않다. 그의 참회와 반성은 뻔뻔한 친일파들을 멈칫거리게 하는 효과가 있었다. 친일 행위와 일제 식민 지배를 미화하는 극우세력을 곤란하게 만드는 측면도 있었다. 친일할 때도 적극적이고 친일을 반성할 때도 적극적이었던 이항녕은 2008년 9월 17일 93세 나이로 세상을 떠났다.

참고문헌 및 참고자료

참고문헌

국사편찬위원회 엮음, 『기려수필』, 1955.

국사편찬위원회 엮음, 『일제침략하 한국 36년사』 제1권, 1966.

김대중, 『김대중 자서전』(전 2권), 삼인, 2010.

김윤희, 『이완용 평전』, 한겨레출판, 2011.

김정명, 『일한(日韓) 외교자료집성』, 국학자료원, 1985.

류대영, 『한 권으로 읽는 한국 기독교의 역사』, 한국기독교역사연구소, 2018.

박은식, 『한국독립운동지혈사』, 1920.

반민족문제연구소, 『친일파 99인』(전 3권), 돌베개, 1993.

성주현, 『천도교에서 민족지도자의 길을 간 손병희』, 역사공간, 2012.

임종국 엮음, 『친일논설선집』, 실천문학사, 1987.

임종국, 『친일문학론』, 민족문제연구소, 2013.

조선총독부, 『조선의 보호 및 병합(朝鮮ノ保護及倂合)』, 1918.

친일반민족행위자재산조사위원회, 『친일재산 조사 4년의 발자취』, 2010.

친일반민족행위진상규명위원회 엮음, 『친일반민족행위진상규명보고서』, 2009.

친일인명사전편찬위원회 엮음, 『친일인명사전』(전 3권), 민족문제연구소, 2009.

『갑신일록』	『경국대전』	『고종실록』
『규장각일기』	『대명률직해』	『대한계년사』
『매천야록』	『조선총독부관보』	『철종실록』

참고자료

「경학원잡지」 제48호, 1944.

『독립유공자공훈록』, 국가보훈처, 1987.

『동양학』 제37집, 박양신, '일본의 한국 병합을 즈음한 일본관광단과 그 성격', 2005.

『문화재』, 국립문화재연구소, 2011.

「박병일 소송사건철」, 총독관방 외사과, 1936.

「신태양」 5월호, 조봉암, '나의 정치백서', 1957.

「역사비평」 24호, 임대식, '이완용의 변신 과정과 재산 축적', 1993.

『일본공간』 제26호, 이형식, '친일 관료 박중양과 조선 통치', 2019.

『일본어교육』 제81집, 원지연, '근대 일본의 식민지 동화주의의 실패 - 박춘금의 경우', 2017.

『조선귀족 열전』, 조선총독부, 1910.

『중국 구(舊)해관 사료』 '조선 부록'

『한국근현대사연구』 제10집, 정혜경·이승엽, '일제하 녹기연맹의 활동', 1999.

「내일을 여는 역사」 19호, 현광호, '박제순, 일본맹주론을 맹신한 외교가', 2005.

F.A. Morgan, 「1892년도 조선의 대외무역에 관한 보고서」

「경향신문」   「대한매일신보」   「동아일보」

「독립신문」   「문화일보」   「매일경제」

「매일신보」   「신한민보」   「조선일보」

「중앙일보」

친일파의 재산

지은이_ 김종성
펴낸이_ 양명기
펴낸곳_ 도서출판 북피움

초판 1쇄 발행_ 2024년 8월 15일
초판 2쇄 발행_ 2024년 9월 30일

등록_ 2020년 12월 21일 (제2020-000251호)
주소_ 경기도 고양시 덕양구 충장로 118-30 (219동 1405호)
전화_ 02-722-8667
팩스_ 0504-209-7168
이메일_ bookpium@daum.net

ISBN   979-11-987629-3-1 (03900)